スペイン語 動詞の決め技

エミリオ・ガジェゴ　山本浩史
[著]

白水社

装丁:阿部賢司(silent graph)

まえがき

　学習者にとって、動詞の習得はスペイン語をマスターする道の中で、おそらく最初の厳しいハードルです。しかしやっと覚えたと思ったら、次のハードルが見えて来ます。動詞の意味合いと用法はあまりにも多岐にわたり、文化の色が濃い表現も多く、知っている動詞であっても表現が理解できないこともよくあります。hacer tilín や hacer palmitas の直訳は「ちりんと鳴る」や「ちいさい拍手をする」となります。ただ、学習者がこの文面から意味が「魅力的に見える」と「いちゃつく」であることを理解するのは簡単ではありません。文化がもたらす世界観の違いが現れていて、そのため習得するのに経験が必要です。学習のその段階を意識して、本書が生まれました。構成は基本的に最初の2ページに同じ動詞を使った表現を紹介し、それぞれ例文と由来などの説明が載っています。知識の整理のために、次の2ページに紹介された表現を含めた読みものを用意しました。この本はどこから読み始めても構いません。気になる動詞の順から読んでもいいし、最初から通して読むのもいいです。自習に使ってもいいし、気軽な読みものとしても利用できます。日常会話やマスメディアでよく見聞きする様々な表現を選定したので、初級・中級だけではなく、上級者にも役立つでしょう。特に検定試験を目標にしている方には便利且つ手軽に使えるものを多く集めました。さあ、スペイン語動詞の奥深い世界にまよいこんでゆきましょう！

2016年9月　　著　者

目　次

まえがき 3

hacer ･･･ 8
   読みもの　夏は最高 10 ／努力、忍耐、自信 14 ／世紀のレース 18 ／人のために時間を使う喜び 22 ／私たちの共同体 26

dar ･･ 28
   読みもの　子供と野菜 30 ／サッカーだけじゃない 34 ／ドロコと恐竜と私（1）38 ／ドロコと恐竜と私（2）42 ／ドロコと恐竜と私（3）46

hablar ･･ 48
   読みもの　言葉遣い 50

usar ･･･ 52
   読みもの　人類の進歩 54

estar ･･ 56
   読みもの　人生の選択肢 58 ／恐ろしい謎（1）62 ／恐ろしい謎（2）66 ／浮き沈み 70 ／僕は観光客と観光に行く 74

ser ･･ 76
   読みもの　妹へ 78 ／才能か努力か 82 ／家族 85 ／運動会 88 ／私の町の町長さん 91

caer ･･･ 92
   読みもの　鳥になった夢 94

pasar ･･･ 96
   読みもの　若者たち 98 ／中小企業 102

llevar ･･･ 104

読みもの 親類関係 106

saltar · 108
　　　読みもの ついてない日 110

tirar · 112
　　　読みもの 言語の習得 114

traer · 116
　　　読みもの インチキな話 117

echar · 118
　　　読みもの 雨の結婚式 120

chupar · 122
　　　読みもの すねかじり 123

pegar · 124
　　　読みもの 争い 126

coger · 128
　　　読みもの 因果応報 130 ／ドイツへ来いよ、ペペ！ 134 ／もう一度ドイツへ来いよ、ペペ！ 138 ／感情 142 ／面接 146

tomar · 148
　　　読みもの 日常を離れる 150

tener · 152
　　　読みもの おじのバル 154 ／スペイン語圏の人物 158 ／英雄 162 ／旧友 166 ／年齢による変化 170

abrir と cerrar · 172
　　　読みもの 兄のグチ 174

ganar と perder · 176
　　　読みもの 青春時代に何をするか 178

ir ··· 180
　　読みもの 仕事 182

venir ·· 184
　　読みもの 駅 186

andar ··· 188
　　読みもの 創造することと消費すること 190

salir と entrar ···································· 192
　　読みもの 宝くじ 194

　　索引 196

hacer

● hacer gracia　面白い / よい印象を与える

Tus bromas no me hacen gracia.
　君の冗談は面白くない。

La idea de Jaime no le hizo gracia a su novia.
　ハイメのアイデアは、彼女にとって不愉快だった。

☞ gracia とは「面白さ」のことです。「何かが面白みをかもし出す」という意味合いか、もしくは単純に「良い印象を与える」という意味です。

● hacer daño　傷つける、いじめる

¡No le hagas daño a Vicente!
　ビセンテをいじめるな！

☞ daño は「被害、ダメージ」などを表すことばです。直訳すれば、「被害を与える」ということですが、文語のみならず口語でも使われるのが特徴です。

● hacer rabona　さぼる

Eh, Pedro, vamos a hacer rabona hoy. ¡Hoy no tengo ganas de estudiar!
　おいペドロ、今日はサボろうぜ。勉強する気が起きないよ。

☞「行かなくてはならない場所に行かないこと」を意味して、特に学校について言います。

● hacer palmitas　いちゃつく、口説く

Juan siempre quiere hacer palmitas con todas cuando salimos.
　フアンは夜遊びに出かけると、見かけた女の子みんなといちゃつこうとする。

☞ palmita とは palma の語尾に縮小辞の -ito がついたものです。この場合の palma は「手のひら」という意味であり、一般的に正式な交際前の段階の男女がお互いに手に触れたりすることをいいます。交際しているカップルに使う場合、ラブラブ状態で、人前でもささやかな愛情表現（軽く触れ合ったり、キスしたり）をすることをいいます。

● hacer la vista gorda　大目に見る

Un empleado llegó tarde al trabajo pero hice la vista gorda.
　従業員が遅刻してきたが、私は大目に見た。

☞ vista は「見ること」gordo は「太っている」なので、直訳すると「太い目で見る」ですね。しかし別に他人を太っているとみなすということではなく、「誰かの失敗や不手際をあえて見逃す」という意味で使われます。

● hacer el tonto　バカなことをする

Luis es buena persona, pero hace el tonto de vez en cuando y cansa a todos.

ルイスはいい人だが、時おりバカなことをして、周りの人をうんざりさせる。

☞ el tonto は「バカな人」という意味です。「バカな人の振舞をする」ということなので、割と簡単な部類の表現です。

● hacerse el tonto　知らないふりをする

Sé que lo sabe pero se está haciendo el tonto.

奴は知っているに決まってるが、知らないふりをしてやがるのさ。

☞ hacerse で「自分自身を作る、変える」という意味ですから、直訳すると「自分自身をバカに変える」です。バカだから分からない、と言い訳をするというところから、「知らないふりをする」になったわけです。

El verano mola

El verano mola. No hace falta que haga rabona[1] para ver a mi novio, que vive en el pueblo de al lado. Nadie chincha a nadie en el colegio porque de hecho, no hay nadie hasta los exámenes de recuperación de septiembre. Por tanto, nadie hace daño[2] ni física ni mentalmente a nadie. A menudo voy a la playa con mi grupo de amigas y la que más y la que menos, si no tiene novio, intenta hacer palmitas[3] con los chavales de la zona, que a veces se hacen los tontos[4] para ver hasta dónde pueden llegar, pero en la mayoría de los casos, no se dan cuenta de que están haciendo el tonto[5], porque nosotras, con nuestra intuición femenina, lo pillamos todo a kilómetros de distancia. Los pobrecillos hacen hasta gracia[6]. Y obviamente, no hacemos la vista gorda[7], no pasamos ni una cuando intentan jugar con nosotras. El verano es una época muy importante, y hay muy pocos mientras uno es joven así que hay que aprovecharlos. Playa, familia, pareja, amigos, estudio, todo en perfecto equilibrio es como hay que disfrutarlos.

夏は最高

　夏は最高です。隣町に住んでいる恋人にあうために授業をサボる[1]必要もありません。学校で誰かがいじめられることもありません。実際九月の追試の時まで誰もいません。だから、誰も肉体的にも精神的にもいじめ[2]ません。私は女友達のグループとよく海へいきます。そして彼氏がいない場合は、近所の男の子たちとイチャイチャし[3]たりします。男の子たちは時々どこまで無理ができる[4]か試そうとしたりするのですが、自分がバカなことをしている[5]のにきづいていません。私たちは大体、女のカンで何キロも離れたところからあらかじめわかっています。あまりにも彼らが哀れすぎて笑えてきます[6]。もちろん、絶対に許し[7]ませんし、私たちを弄ぼうとしても一つも見逃しません。夏はとても大事な時期ですし、若い時期は短いので、有効につかうべきです。ビーチ、家族、カップル、友達、学問、すべてのことを等しく楽しむべきなのです。

* de hecho:「実際に」を意味します。hacer の過去分詞 hecho（＝したこと）から変化したものです。
* molar：gustar と似た意味ですが、より口語的です。「イケてる」や「サイコー」等の表現に近いです。

hacer

● hacer tilín　気を引く、魅力的に見える

La chica que está ahí me hace tilín.
　あそこにいる女の子が気になる。

☞ tilín はスペイン語ではめずらしい擬音語で、「チリンチリン」という音を表します。「私の心でチリンと音を鳴らす」というような意味です。この表現は異性が気になるという時によく使われます。

● hacer notas　メモをとる

Los estudiantes hacen notas de lo que dice el conferenciante.
　学生たちは講演者の言ったことをメモしている。

☞ notas とはそのまま「メモ書き」のことです。比較的覚えやすい表現です。この表現では、notas は複数形だけで使います。

● hacer la pelota　おべっかを使う

Mi compañero no deja de hacerle la pelota al jefe.
　私の同僚はいつも上司におべっかを使っている。

☞ la pelota とは「ボール」のことですが、おべっかとは結びつきそうにありませんね。一説によるとボールが跳ねる動きをペコペコする動きにみたてたといわれています。

● hacer cola　列を作る

En la chocolatería de la esquina siempre se hace mucha cola.
　角のチョコレート屋はいつも行列している。

☞ cola は「尻尾」のことです。つまりもともとは「尻尾を作る」という意味です。何かから尻尾が生えてきているイメージなのですね。

● hacer falta a +人　必要である

A ti te hace falta un poco más de ejercicio.
　君はもっと練習が必要だね。

☞ falta は「足りないこと」という意味です。それを踏まえて考えると、「足りないことを作る」というような意味ですね。足りないものは必要であるという発想の転換が必要な表現なわけです。

hacer caso a ＋人　耳を貸す

Mis hermanos nunca me hacen caso.
　私の兄弟達は誰も私に耳を貸さない。

hacer caso omiso　無視する、考慮しない

Nuestro nuevo jugador hizo caso omiso de mis advertencias y se lesionó en un mes.
　（チームの）新しい選手は私の警告を無視して、1か月で負傷してしまいました。

☞「omiso」は「注意を払わない」という意味です。そこから「無視する」という意味になりました。

hacer hincapié　強調する

El profesor hizo hincapié en la importancia de la historia.
　先生は歴史の重要性を強調した。

☞ hincapié という単語は hincar という単語が元になっています。これは「打ち付ける」とか、「力をこめる」といった意味です。なので「足を踏みしめる」というのがもともとの意味です。大事なことを言うので力が入ってしまうことが語源なのですね。

Esfuerzo, constancia, convicción

Ya de pequeña, siempre me había hecho tilín[1] trabajar en el supermercado de cerca de casa, pero mis padres siempre se me opusieron. Querían que les hiciera caso[2] y que estudiara para llegar a tener un trabajo respetable en función de sus estándares, como de funcionaria, médica, abogada o incluso profesora. Les paré los pies en seco y decidí vivir mi vida según MIS estándares. Primero empecé a trabajar de cajera. Al principio hacía notas[3] de todo para aprender la lógica de la empresa. Cuando veía a gente haciendo cola[4], me apresuraba para que la gente no se alterara. Jamás hice caso omiso[5] de los consejos de mis jefes, y poco a poco fui subiendo en el escalafón. Hice siempre hincapié[6] en los valores del fundador de la cadena de supermercados: Servicio, Buen Trato, Calidad, Buen Humor. Jamás le hice la pelota[7] a mis jefes como otros, y sin comérmelo ni bebérmelo, de cajera pasé a supervisora de cajeras, a supervisora de sección, a jefa de tienda, y ahora, diez años después, estoy en la oficina central elaborando estrategias con el fundador de la empresa. Soy feliz.

Mis padres se sienten orgullosos.

Para triunfar, hace falta[8] esfuerzo, constancia y convicción. Cualquiera puede llegar a donde quiere aunque haya algunos rodeos. Lo importante es ganar al final.

努力、忍耐、自信

　小さいころから、家の近くのスーパーで働きたいと思っていました[1]が、両親はいつも反対でした。彼らの意見を聞いて[2]、彼らの基準に従ったまともな仕事につくために勉強させたがっていました。例えば公務員、医者、弁護士もしくは教師などです。私は彼らの干渉を抑えて、自分の基準に従って自分の人生を生きることにしました。初めはレジ係として働き始めました。最初は会社のシステムを覚えるためにすべてをメモしていました[3]。人々が並んでいたら[4]、その人たちが怒り出さないように急いで仕事をしたりしました。上司の助言を無視し[5]たりはせず、少しずつ地位を向上させていきました。このスーパーマーケットチェーンの創業者が掲げていた目標にいつも重点を置いていました[6]。サービス、良い接客、高品質、良い機嫌の４つです。ほかの人のように上司におべっかを使う[7]こともなく、やるべきことをやりつづけて、レジ係からレジ主任、部門主任、店長、そして十年たった今では創業者と一緒に本社で経営戦略を練っています。私は幸せです。

　両親も誇りに思ってくれています。

　成功するには努力、忍耐、自信が必要です[8]。どんな人でも行きたい場所までたどり着けます。たとえ回り道があったとしても。大事なのは最後に勝つことです。

hacer

● hacer la vida imposible　苦しめる

El profesor de matemáticas me hace la vida imposible. Creo que no voy a aprobar.

　数学の先生は私を苦しめるばかりだ。合格はできないと思う。

☞ vida は「人生」、imposible は「不可能」、つまり「人生を不可能にする」という表現です。誰かの人生を不可能にする、まともに生きられなくするというところから、「苦しめる」という意味になります。人間関係に困った時によく使われる表現です。

● hacerse la mosquita muerta　面従腹背する / 猫をかぶる

Mira, esa chica siempre se hace la mosquita muerta cuando los jefes están cerca.

　なあ、あの子は上司がいるといつも猫をかぶっているよな。

☞「死んだハエのふりをする」から、普段目立たなくて、まわりとうまくやっている人が実は心の中で反抗していて、いつ嫌なことをしないかわからない。いわゆる「面従腹背」。

● hacer leña del árbol caído　困っている人を利用して利益を得る

Los tiburones estadounidenses hicieron leña del árbol caído cuando los bancos japoneses estaban en crisis hace 20 años.

　20 年前に日本の銀行が危機にあったとき、アメリカのハゲタカファンドが混乱に乗じて利益を得た。

☞ leña は「薪」、árbol caído は「倒木」を意味します。つまりもともとは「倒木から薪を作る」という意味です。弱って倒れた木から人間が薪を作るように、弱ったり困ったりしている人を他の人が利用して利益を得るという意味になります。

● hacer su agosto　チャンスをいかして儲ける

Lourdes hizo su agosto cuando el uso del ordenador empezó a extenderse en las casas de las familias normales.

　一般家庭にパソコンの利用が普及し始めたころ、ルルデスは商機をつかんで儲けた。

☞ agosto は「八月」のこと。夏休みで楽しい時期ですね。そこから転じて

「時期を作る」つまり「自分の生活面で成功する、儲ける」という意味になります。

hacer bulto　人数合わせに出席する

Voy a la fiesta de esta noche para hacer bulto.
　今夜の合コンに人数合わせで出席する。

☞ bulto は「群れ」という意味です。群れを作るには人数が必要なので、そこから「人数合わせをする」という意味になりました。

hacer coro a　賛同する

Borja y Margarita siempre hacen coro a su jefe.
　ボルハとマルガリータはいつも上司に賛同する。

☞ coro とは「コーラス」のこと。コーラスでは何人もが同じ音を出して同調しますので、そこから「賛同する」という意味になりました。

hacer una escena a　〜に対して大げさに騒ぎ立てる

Vi a unos borrachos hacerle una escena al dueño del bar de enfrente.
　酔っ払いが向かいのバルの主人に向かって大騒ぎしている。

hacer época　一時代を築く

El busca hizo época hace años pero ya casi no se usa.
　ポケベルはかつて一世を風靡したが、今はほぼ使われていない。

☞ época とは「時代」のこと。時代を作る、つまり「一時代を築く」という日本語とほぼ同じであることがわかります。

La carrera del siglo

Julio quería hacer su agosto[1] ganando la carrera automovilística de marzo en África. El premio eran 600,000 euros contantes y sonantes. En mano ese dinero le permitiría hacer realidad algún que otro sueño.

¡Cuenta atrás! ¡3, 2, 1! ¡SALIDA!

El coche de Canadá hacía la vida imposible[2] a nuestro Julio, representante de Paraguay, en los puestos 5 y 6. No había forma de adelantarlo hasta que en la última curva del circuito, arriesgó todo y ¡zas! Se consiguió poner tras el cuarto en carrera, el francés Delon. De pronto, se oyó un golpe enorme. El coche en primera posición, se había chocado contra la valla y había de abandonar la carrera. Para más inri, Canadá también chocó y quedó fuera de la carrera. Era la de Julio. Hizo de tripas corazón y adelantó hasta la segunda posición, pero lo más curioso que es que, el coche de Italia, que llevaba todo el rato haciéndose la mosquita muerta[3], hizo coro a[4] su iniciativa y le siguió hasta ocupar la tercera posición. Nadie había hecho una escena a[5] los abandonos. Todos estaban muy concentrados, esperando hacer leña del árbol caído[6], o sea, de cualquier error de los contrincantes. Y eso hizo Julio. En una milésima de segundo de distracción, adelanto al cabeza de carrera y ¡zas!, se hizo con el primer puesto, ¡en la vuelta final de la carrera!

Estuvo emocionantísimo. Fue una carrera que hizo época[7] y quedó registrada en los anuarios del campeonato. ¡Enhorabuena, Julio!

世紀のレース

　フリオは三月にアフリカで開催される自動車レースに勝って大金を手に入れ[1]ようとしていた。賞金はうなりを上げるばかりの 60 万ユーロ。その金があれば彼の夢がかなうかもしれなかった。

　カウントダウン！ 3、2、1、スタート！

　5 位 6 位争いではカナダチームの車がパラグアイ代表の我らがフリオを苦しめていた[2]。最後のカーブまで抜くチャンスはなかったが、すべてをかけてズバッと抜き去った。4 位のフランスのデロンの後ろにつけた。突然、轟音が響いた。1 位の車が柵に激突し、リタイアを余儀なくされたのだ。その上カナダもクラッシュして、レースから脱落した。フリオの番だった。勇気を奮い起こして、2 位まで順位を上げた。しかし興味深いことに、いままで猫をかぶっていた[3]イタリアが彼の奮起に同調して[4]猛烈な追い上げをみせて 3 位につけてきた。誰もリタイアした連中のことを大げさに騒いだり[5]はしなかった。全員が集中して、ライバルの失敗を利用し[6]てやろうと狙っていた。そしてフリオはそれをやってのけた。千分の一秒のすきをついてトップの車をズバッと抜いた！　とうとう 1 位になって、最終ラップだ！

　感動的なレースだった。時代を代表するような[7]レースだったのでチャンピオンシップの年鑑に記録されることになった。おめでとうフリオ！

* ¡zas!：「サッ」とか「ズバッ」等の擬音です。
* para más inri：「さらに、その上」を意味しますが、悪いことを表します。

hacer

hacer estragos　害をなす

El frío de este mes hizo muchos estragos a los arrozales en el norte de Japón.

今月の寒さは日本北部の水田に大きな害をもたらした。

☞ estrago はそのまま「被害」や「災害」のことです。

hacer el favor de +不定詞 a +人　～に…をしてあげる

¿Me puedes hacer el favor de cerrar la ventana?

窓を閉めていただけますか？

☞ favor とは「親切な行為」のことなのでそのままですが、de +不定詞で行為の内容を指定します。

hacer un feo a +人/物　嫌なことをする

Mi jefa me hizo un feo cuando me vio ayudando al compañero de otra sección.

私が違うセクションの同僚を手伝っていたら、上司に嫌がらせをされた。

☞ feo は「醜い」という形容詞でよく知られていますが、名詞にすると「醜い行為、嫌がらせ」などを表します。

hacer frente a　対決する

Tenemos que hacer frente a la crisis económica.

経済危機に立ち向かわなければならない。

☞ この文での frente とは「戦いの前線」のことです。「前線を形成して戦う」という意味なのですね。

hacer una montaña de un grano de arena　ことさらに騒ぎたてる

Mi padre ha hecho una montaña de un grano de arena al ver a mi novio en mi casa.

私の彼氏が我が家にいるのを見て父は大騒ぎをした。

☞「砂粒一つで山を作る」というのが元の意味です。「ささいなことで大騒ぎする」という意味ですね。

¿Qué se le va a hacer?　どうしようもない/しかたない

¿No te ha tocado el gordo de la lotería de Navidad? ¡Qué se le va a

hacer!
　クリスマス宝くじの大当たりが当たらなかったって？　しかたないね。
　☞「それに対して何ができるのか」という意味の文ですが、反語的に「いや何もできない。しかたない」という意味になります。

hacer horas　残業する

En Japón es muy normal, o mejor dicho es un deber, hacer horas cada día. Por eso la gente siempre está cansada.
　日本では毎日残業をするのは普通、というより義務である。そのため人々はいつも疲れ果てている。
　☞ horas extras（追加の時間）という場合もありますが、単純に horas というだけで通じます。

hacer ilusión a +人　期待させる

Me hace mucha ilusión viajar por Latinoamérica este verano.
　この夏ラテンアメリカを旅行するのが楽しみで仕方がない。
　☞ ilusión は「幻」という意味かと思いがちですが、この場合は「楽しみ」や「期待」を表しています。

La felicidad de ofrecer nuestro tiempo

El terremoto hizo estragos[1] en la zona norte de la ciudad. Los elementos ni siquiera hicieron el favor de[2] evitar las zonas más pobres. Ha sido toda una catástrofe. Ahora, todos estamos haciendo frente[3] a la situación ayudando en todo momento a los desfavorecidos. Ofrecemos nuestro trabajo en las zonas dañadas y organizamos recolectas de dinero. ¡Dejadles ahí! — dicen algunos — ¿Qué se le va a hacer[4]? Hay cosas más importantes en las que emplear el tiempo. Me niego. No podemos hacerles un feo[5]. Vivimos todos en un mismo país y tenemos la responsabilidad de velar los unos por los otros. No es que esté haciendo una montaña de un grano de arena[6]. Pero me preocupa la indiferencia que flota en el ambiente. A mí y a muchas otras personas nos hace ilusión[7] pensar que hacer horas[8], echar horas en trabajos para la comunidad, será el origen de sonrisas y momentos de felicidad para mucha gente que lo necesita.

人のために時間を使う喜び

　地震は町の北部をめちゃくちゃにしてしまった[1]。もちろん被害が一番貧しい地域を避けてくれる[2]なんてことは無かった。大災害だ。今私達はみなこの状況に立ち向かい[3]、絶えず被害を受けた人たちの手助けをしている。被害を受けた地域で人手を提供したり、寄付金を募ったりしている。「ほっとけよ！」という人もいる。「しかたないだろう？[4] 時間を使うにもっとふさわしい大事なことが世の中にはある」。私はそんなことは無いと思う。彼らにひどいこと[5]なんてできない。私達はみな同じ国に住んでいて、お互いに助け合う責任がある。何もくだらないことで大騒ぎをしている[6]わけじゃない。しかし世の中に漂う無関心が心配だ。私も他の人たちも、残業して[8]でも地域に貢献する時間が取れたらいいなと思っている[7]、そのことが微笑みや幸せの時間を、それを必要としている人たちに届けるだろうから。

hacer

● hacer buenas migas con　仲が良い

Mis padres hacen buenas migas con sus hermanos pero yo no conozco muy bien a mis tíos.

　私の両親は兄弟と良好な関係を保っているが、私はおじたちのことをよく知らない。

● hacer de tripas corazón　歯を食いしばって我慢する

¿Tienes que discutir con el presidente? Pues haz de tripas corazón.

　社長と談判しなければならないのか？　歯をくいしばってがんばれよ。

☞ corazón は「心臓」ですが、この場合は「心」という意味で使われています。心臓に感情がいっぱいになって場所が足りなくなるので他の内臓で補完して心を強くもつという、かなり回りくどい意味ですね。

● hecho polvo/cisco/mierda　疲れている

¡Ay! Estoy hecho polvo... Es que ayer tuve que hacer muchas horas...

　ああ！　くたくただ……。昨日はたっぷり残業しなきゃならなかったからな……。

☞ hecho は「した・された・なった」という意味で、mierda は「排泄物」、polvo や cisco は「破片」や「塵」という意味です。つまり「体がバラバラになりそうなくらい疲れた」という意味です。

● hacer pipí/popó　おしっこ・うんちする

—¡Mamá! Quiero hacer pipí... —Ahí está el baño. Te espero aquí.

　ママ！　おしっこしたい……　——あそこにトイレがあるわよ。ここで待ってるから。

☞ pipí や popó はいわゆる幼児語ですが、大人でも日常用語として使うことがあります。

● hacer antesala　待つ

Cuando fui al dentista, había mucha gente esperando y yo también tuve que hacer antesala.

　歯医者に行ったら順番待ちの人がたくさんいたので自分も待たなければならなかった。

☞ antesala は見た目でもわかるように、ante「前」と sala「部屋」から成り立つ単語です。病院の待合室のようなものを想像するとわかりやすいかもしれません。

hacer cosquillas　くすぐる / うずうずさせる

Mi primo es muy travieso y me hace cosquillas cada vez que nos vemos.

　いとこはいたずらっ子で、あうたびにくすぐってくる。

☞ 単純に「くすぐる」という意味と、「良い予感や期待でうずうずした気持ちになる」という二つの意味があります。

hacer números　費用・量を計算する

Antes de poner el proyecto en marcha, tenemos que hacer números.

　プロジェクトを実行に移す前に、費用を計算しなくてはならない。

☞ número は「数字」という意味ですが、日本語でも「数字を出す」などの同様の表現があります。

hacer de menos a +人　軽く見る

No debes de hacer de menos a los clientes solo por la apariencia.

　外見だけでお客を軽く見てはいけない。

Nuestra comunidad

Me gusta hacer buenas migas con[1] los vecinos. Somos una comunidad y tenemos que estar unidos en las duras y en las maduras. Si alguien tiene problemas, todos a hacer tripas corazón[2] en su defensa. Todos tenemos momentos en los que estamos hechos polvo[3], a veces mentalmente, a veces físicamente, pero los apoyos de la gente que tenemos alrededor nos da fuerzas para seguir.

El bar del vecindario conoce a todos y, aunque no consumamos nada, nos dejan hacer pipí o popó[4] ocasionalmente porque nos conocemos todos. Haciendo números[5], me doy cuenta que hay más de dos cientos personas en mi comunidad. Todos nos preocupamos por nuestras respectivas familias y estamos pendientes cuando alguien está en una situación difícil. Es como si hiciéramos antesala[6] por nuestros seres queridos. Nadie hace de menos a[7] nadie y los forasteros son siempre bienvenidos. Aunque bueno, siempre hay alguno que busca las cosquillas de los demás en mal sentido y hace cosquillas[8] a todos para amenizar el ambiente. Somos una comunidad feliz.

私たちの共同体

　近所の人と仲良くする¹のが好きです。私たちは一つの共同体として、厳しいときも年老いた時も一緒に暮らしていかなければなりません。もし誰かが問題を抱えていたら、みんながんばって²その人を守ります。時には人はくたくたになる³こともあります。精神的にも肉体的にも。しかし周りの人々の助けが生き続けてゆく助けになります。

　近所のバルではみんなが知り合いです。何も注文しなくても、お互い知り合いなので、ちょっとトイレを借りておしっこやうんちをする⁴くらいなら許してくれます。私たちは共同体なのです。数えて⁵みれば、私の共同体には二百以上の人がいることがわかりました。みんながお互いの家族のことを気にかけ、誰かが厳しい状況の時はみんなが気にかけています。それは愛する人の為に待ち続けている⁶かのようです。誰も他人のことを軽くみたり⁷はせず、よそものも歓迎します。まあどこにでも悪い意味でむずむずさせたり、みんなをうずうずさせて⁸その場を明るくしてくれる人はいるものです。私たちはしあわせな共同体なのです。

dar

dar una patada a ＋人／物　〜を蹴る

Mi compañera de la clase de inglés me dio una patada al salir del aula.

英語の授業のクラスメートが教室を出ていくときに私を蹴った。

☞「dar ＋打撃」で「殴る、蹴る」などが表現できます。

dar (a ＋人／物) con ＋物　叩く／あてる

No sé por qué Pelayo me dio con su paraguas.

ペラーヨが傘で私をたたいた理由がわからない。

El monstruo le dio al héroe con su garrote.

その怪物はヒーローをこん棒でなぐりつけた。

Dale una capa de cera al coche y verás qué bien queda.

車にワックスを塗るとかなり綺麗になる。

☞ dar のみでも「叩く」という意味になります。人以外にも「ハンマーで壁を叩く」などの表現も可能です。

dar miedo　恐がらせる

Me da mucho miedo que mi hija pequeña salga sola por la noche.

私の小さな娘が夜一人で外出するのが心配でしかたない。

☞「dar ＋感情・感覚」でそういう感情、感覚を持つという意味になります。

dar rabia　怒らせる

Me da rabia que mi vecino ponga la música hasta altas horas de la noche.

となりの人が夜遅くまで音楽をかけるのでイラつく。

☞ rabia は「激怒」を表す単語ですが、単純に「いらだち」や「はらだち」を表すのにも使います。

dar asco　吐き気を催させる

Me da asco el pescado crudo.

私は生魚なんて気持ち悪い。

☞ asco は「気味の悪さ」や「気分のむかつき」を表します。「嫌い」よりは、「生理的に受け付けられない」や「怖い」を意味します。似た表現に、dar repelús があります。

● dar igual　どうでもいい

Me da igual lo que dice ese tío.
　そいつの言ってることなんてどうでもいい。
　☞ igual は様々な意味を持っていますが、dar igual だと「同じことだ」という意味になります。

● dar la vuelta/vueltas a +物　ひっくり返す、めくる

Felipe buscaba la palabra correcta dando vueltas a las páginas del diccionario.
　フェリペは辞書のページをめくって正しい言葉を探していた。
　☞ dar は「行動を起こす」という意味でも使うことができます。

● dar la espalda　背を向ける、冷たくする

Todos le dan la espalda a Rubén porque es un empollón.
　ルベンはガリ勉なので皆が彼に冷たくした。
　☞「向ける」も dar で表すことができます。

● dar con +人/物　見つける

Por fin Pepa dio con su compañera a la salida, tras buscarla todo el día.
　一日中探して、ようやくペパは同僚を見つけた。

Cristóbal acaba de dar con sus llaves gracias al llavero GPS que tiene.
　GPS キーホルダーのおかげで、クリストバルはさっき鍵を見つけた。

Los niños y las verduras

De pequeño, mi madre siempre me decía que me comiera todo, pero era un niño muy rebelde. La verdura me daba asco[1]. No podía con ella. Y cuando me enfadaba, empezaba a darle patadas[2] a las sillas y a la mesa. Mi madre ya no sabía qué demonios hacer, pero un día, dio con[3] un remedio perfecto. Poner una capa de chocolate sobre la verdura. ¡Mi dulce preferido! La primera vez me daba un poquito de miedo[4], pero me acostumbre a la textura. Al poco tiempo, le daba la vuelta al[5] brócoli, y me lo comía por la parte verde (pues solo tenía chocolate por arriba, lo más rico, para el final). Me estaba acostumbrando.

Cuando contaba esto en el colegio, a muchos niños les daba rabia[6], e incluso decidieron darme la espalda[7], pues tenían envidia porque había conseguido superar un problema común para todos. Las verduras. El caso es que a nadie le daba igual[8] mi historia, gustara o no. Y más de uno y dos, incluso probaron a hacer lo mismo en casa, siendo todo un éxito.

Gracias, mamá.

子供と野菜

　小さい頃僕の母はよく全部食べなさいといっていましたが、僕は反抗的でした。野菜はキライでした[1]。どうにも野菜はダメでした。それと僕は怒り出すと椅子やテーブルを蹴っ飛ばす[2]ことが良くありました。母はいったいどうしていいかわからなかったのですが、ある日いいことを思いつきました[3]。野菜にチョコレートでコーティングをしたのです。僕のお気に入りのお菓子！　最初は見た目がちょっと怖かった[4]のですが、そのつくりにもなれました。すぐに、ブロッコリーをひっくり返して[5]裏側の緑色のところから食べるようになりました（チョコレートは上側にだけかかっていたので、お楽しみは最後までとっておくのです）。野菜に慣れていきました。

　これを小学校で話したら、みんなは怒り出し[6]たり、無視し[7]たりするようになってしまいました。というのも子供に良くある問題の完璧な解決法を手に入れていたのでうらやましかったのです。野菜の問題というやつです。実際誰も僕の話はどうでもいい[8]とは思いませんでした。いいと思うかどうかは別として。何人かは家で実際に試してみて、うまくいきました。

　お母さんありがとう。

dar

darse cuenta de ＋物　気づく

Ella no se dio cuenta de que el dueño estaba muy enfadado.
　彼女は家主が激怒していることに気づかなかった。
　☞「気づく」は非常によく使う表現です。

dar gusto a ＋人　喜ばせる

Dale gusto a tu madre y arregla tu cuarto.
　お母さんを喜ばせるように、部屋を片付けておきなさい。

Me dio un gusto tremendo ver que mi equipo había ganado el partido de la jornada.
　私の応援するチームが今週の試合に勝ったことがわかって、とても嬉しかった。

dar alivio a ＋人　ほっとさせる

Me da alivio estar solo en mi habitación.
　自分の部屋に一人でいるとほっとします。
　☞これも dar ＋感情表現の一つ。動詞の aliviar と同じ意味です。

dar de alta a ＋人　退院させる / リストに入れる / 登録する

El médico dio de alta al jugador de fútbol.
　医師はそのサッカー選手を退院させた。
　☞ alto と次の bajo でセットの表現です。

dar de baja a ＋人 / 物　退職させる、休ませる / 解約する

Los equipos de la liga dan de baja a varios jugadores todos los años.
　リーグのチームは毎年、複数の選手を解雇する。

Me di de baja de la lista de correo porque tenía el e-mail a reventar.
　メールボックスがパンクしそうなのでメーリングリストを停止した。

Me di de baja del gimnasio por falta de tiempo.
　時間がなくてジムを解約した。
　☞日本語の「人をおろす」に近い感覚で使える表現です。

dar cabezadas　うとうとする、眠くて頭をがくがくさせる

Manolo daba cabezadas sentado en la silla cuando fui a verle a su despacho.

　私がマノロのオフィスに会いに行った時、彼は椅子に座って船をこいでいた。

　☞ cabezada は「頭を振る」というような意味で、それを繰り返している、つまり「眠くて頭ががくがくしている」ということ。

● dar calabazas　落第させる

El profesor Millán les dio calabazas a los estudiantes que llegaron tarde al examen.

　ミリャン先生は試験に遅刻した学生に落第点を付けた。

　☞「かぼちゃ」がなぜ「落第」という意味になるのかは不明。

● dar plantón a +人　すっぽかす

Mi novia me dio plantón ayer y ahora estoy que trino.

　昨日彼女に約束をすっぽかされて、今はムカムカしている。

Tuvimos que dar plantón al cliente por culpa del tren.

　電車のせいで、顧客を待ちぼうけさせてしまった。

　☞ planta は「植物」で増大辞の -ón がその後ろについています。「植物のようにじっとさせる」という意味からきた表現。一説によると軍隊の懲罰で全く動かずに見張りをすることを plantón といい、そこから出てきた表現だとか。すっぽかす意味では、plantar や dejar plantado もよく使います。

● dar la cara　責任をとる

La mejor solución es dar la cara.

　一番良い解決策は自分で責任をとることだ。

　☞ 直訳は「顔を与える」ですが、要は「責任者として矢面に立つ」です。

● dar en el clavo　正解する、図星をつく

Mariela es muy inteligente pero nunca da en el clavo al contestar a las preguntas.

　マリエラはとても賢いが、質問に答えようとするといつも見当違いなことを言ってしまう。

　☞ もともとは「金づちで釘を打つ」というような意味。そこから「当を得る、正解する」という意味になりました。

El fútbol ya no me agobia

El mercado de fichajes este año está la mar de movido. Equipos dando de alta a[1] jugadores de la cantera, médicos dando de alta a[2] otros lesionados, entrenadores dando de baja a[3] viejas glorias, y todos, todos, todos, intentando dar gusto a[4] la afición durante la pretemporada. Me dio un alivio[5] infinito escuchar la noticia de la renovación del portero con el primer equipo, pues eso le permitiría seguir en la selección.

En eso estaba pensando mientras daba cabezadas[6] en el sofá del salón, cuando me di cuenta[7] que estaba tieso de pasta y decidí al ipso facto, darme de baja de[8] la tele por cable, aparte de temas monetarios, porque la de calabazas que me iban a dar a final de curso se vaticinaba épica. Y porque tanto fútbol y pájaros en la chola, propició que el otro día diera un plantón a[9] mi gran amigo, creo que todavía, Juanjo (que a propósito, no puede soportar el balompié...), del que todavía no me ha perdonado. Ahora que voy detrás de Aurora, no puedo dejar que me dé calabazas[10] ni calabacines por esta afición mía que me corroe todos los fines de semana.

Meses después, me di cuenta de que había dado en el clavo[11] al 100%. Había aprobado todas, me ligué a Aurora y seguía tan amigo de Juanjo. El fútbol, cosa del pasado. Ahora me he enganchado al baloncesto...

サッカーだけじゃない

　今年のサッカー選手移籍市場は大しけの海のようです。育成チームの若手を一部チームに登録し[1]たり、医者がけがをした選手に治癒判定をし[2]たり、監督がかつての有名選手を解雇し[3]たり、色々なことをしてオフシーズンでもチームはサッカーファンの興味を引こう[4]としています。そのキーパーの一軍との再契約のニュースを聞いて、僕は大きな安堵を覚えました[5]。そのことで代表チームに残ることができるからです。

　そんなことを今のソファでうとうとし[6]ながら考えていましたが、ふと全然お金がないことに気づき[7]、すぐにケーブルテレビを解約する[8]ことに決めました。お金がないことに加えて、学期末にもらうであろう不可の山のことを考えると悲劇しか頭に浮かばないからです。こんなにサッカーのことばかり頭にあっては、友達（たぶんまだ友達の球蹴りなんて全然興味がない）フアンホに待ちぼうけをくらわせてしまう[9]のも無理からぬことです。彼はまだ許してくれていません。アウロラのことを追いかけまわしている今となっては、この毎週末をつぶしている趣味のおかげで落第[10]どころか落第の気配すら歓迎できません。

　数か月後に自分の決断は全く正しかった[11]ことに気づきました。テストは全部合格したし、アウロラとはデートしてるし、フアンホとは友達のままです。サッカーは過去の話で、今はバスケに夢中です。

dar

● dar a conocer　知らしめる、発表する

Mi jefe dará a conocer el proyecto en el que trabaja.

　　上司はいま取り組んでいる計画を発表する予定です。

　　☞「公表する、公衆の面前に出す」というようなニュアンスで使います。

● dar la lata　（繰り返し）迷惑をかける

A veces parece que los niños pequeños han nacido para dar la lata.

　　小さい子供はしつこく迷惑をかけるために生まれたように見える時がある。

Los estudiantes universitarios no dejan de dar la lata con sus botellones todas las semanas.

　　大学生たちは毎週の野外集団飲み会でみんなをうんざりさせている。

　　☞ この表現から、ser un latazo（しつこい・うんざりさせる）が派生しました。

● dar cosa a +人　気が引ける

Lo mejor será decírselo directamente, pero me da cosa.

　　一番いいのは彼にそれを直接いうことだろうけど気が引ける。

　　☞ cosa は「物事」という意味で、表面上の意味とはまるで違った用法なので気を付けましょう。

● dársela a +人　だます

Lázaro se la ha dado a la policía y se fue sin que lo vieran.

　　ラサロは警察に一杯食わせて、見とがめられずに立ち去った。

Se creen capaces de dársela al cliente, y se van a llevar un chasco.

　　奴らはお客さんをだませると信じているけど、絶対思い通りにはいかない。

　　☞ スペイン語の慣用表現ではよく直接目的格代名詞の lo や la を使いますが、ネイティブでもももはやなんであったのかわからないことがほとんどです。

● dar mala espina a +人　嫌な予感がする

¿Martina te sonrió? ¡Qué raro! ¡Eso me da mala espina!

　　マルティナが君に微笑んだって？　妙だな。嫌な予感がする！

　　☞ espina は「トゲ」のこと。そのトゲが刺さって嫌な感じがするというのを、嫌な予感の比喩に使っています。

dar pena　悲しませる、苦痛を与える

Irache está que da pena. Me han dicho que vive bajo un puente.
　イラチェは大変そう！　橋の下で暮らしているみたい。

Me da pena ver las esquelas en el periódico.
　新聞に載っている死亡公告を見る度に悲しくなる。

☞ dar ＋感情の表現の一つ。

dar la sensación de　～のような気がする

Me da la sensación de que nos quedamos aquí hasta el amanecer.
　ここで夜明かしすることになるのかなあ。

☞ 日本語の「～の気がする」と完全に同一ではないので注意。「～のようだ、～になりそうだ、～の感じだ」のようにも使い分けられます。

dar lástima　残念である

Me da lástima que usted se vaya tan pronto.
　あなたがこんなに早く帰ってしまうとは残念です。

☞ これも「dar ＋感情表現」の一つ。

darse a la fuga　逃げ出す

Los prisioneros siempre esperan una ocasión para darse a la fuga.
　囚人たちはいつも逃げ出す隙を待っている。

La chica del bar se me dio a la fuga. ¡Seguro que no le caía bien!
　バルの女の子に逃げられた。私にあまり好意を持たなかったに違いない。

☞「自分をその状態に移行させる」という意味で使われています。

dar de sí　（服などが）伸びてしまう / 充実する

Este pantalón ha dado de sí. Lo voy a tirar.
　このズボンは伸びてしまった。捨ててしまおう。

El viaje ha dado muchísimo de sí: hemos aprendido un idioma, visto lugares maravillosos y hasta hecho amigos.
　思ったよりはるかに充実した旅ができた：外国語の勉強ができ、素敵な名所が見られ、友達さえ作れた。

☞「自分自身のサイズを合わせる」という意味。肯定の sí ではなく、自分自身の sí であることに注意。状態を表すときは estar dado de sí を使います。

Droco, un dinosaurio y yo (1)

Desde que Droco Zacador anunciara que se disponía a capturar el raro espécimen de dinosaurio avistado en Malasia, todo me da mala espina[1].

Desde el momento en que se dio a conocer[2] la noticia supe que tenía que ofrecerme voluntario para la expedición. Los dinosaurios siempre habían sido mi pasión, pero dado que estaban extinguidos, jamás había visto uno vivo. Tal vez pueda cumplir mi sueño — me dije. Di la lata[3] a la oficina de Droco hasta que me admitieron, y vaya que me admitieron. No es que me propusiera dársela al[4] encargado de reclutar voluntarios, pero sin siquiera darme cuenta, exageré ligeramente mis habilidades. O digamos... las describí de forma creativa... Repartidor de periódicos se convirtió en jefe de distribución en un área determinada, mis pequeños artículos sobre dinosaurios los describí como disertaciones científicas... Hay que ser honesto, lo sé, pero en esta ocasión, las ganas de participar me pudieron. La entrevista dio mucho de sí[5], y conseguí una respuesta inmediata.

Tras la selección, se celebró una reunión entre todos los elegidos. El sr. Zacador participó en la misma.

Me daba la sensación de[6] que se me iban a saltar las lágrimas de alegría al tenerlo delante. Era mi ídolo. Me daba cosa[7] hasta dirigirle la palabra. Tenía el corazón en un puño y sentía que debía darme a la fuga[8] para aplacar esos nervios que tenía a flor de piel. Pero conservé mi entereza hasta el final de la reunión.

Conseguí llegar al final de la reunión sin hacer el ridículo. A decir verdad, me dio lástima[9] no poder entablar ni siquiera una pequeña interacción con aquel que estaba a punto de ser mi jefe y con quien iba a poder hacer realidad mi sueño. Pero las prisas nunca son buenas. Comprendía que ese punto en el tiempo era el mismísimo comienzo de una aventura irrepetible. Mis malos presentimientos habían sido completamente infundados.

ドロコと恐竜と私（1）

　ドロコ・サカドールが、マレーシアで目撃された珍しい恐竜を捕獲する準備をしていると発表したときから、嫌な予感しかしない[1]。
　そのニュースが公表されて[2]からずっと、自分は探索にボランティアで参加しなくてはならないと確信していた。恐竜は昔から自分の興味の対象だったが、絶滅してしまっているので、生きたものは見たことがなかった。夢がかなうかもしれない、と思った。採用してもらおうと思ってドロコのオフィスに連日押しかけたら[3]、なんと本当に採用されたのだ。ボランティア採用係の人をだまそう[4]と思ったわけではないのだが、気づかないうちに、ちょっとだけ自分の能力を誇張して伝えてしまった。というか、とても創造性あふれる言い方で自分のことを表現したというか……。新聞配達はとある部門の配送責任者に、恐竜についての小さな記事は科学論文に……。人は正直でなければならない。そうだ。わかってる。でも今回は参加したい気持ちに負けてしまったのだ。面接はとっても充実して[5]いて、すぐに回答をもらえた。
　選考のあとで、採用者のための会合がひらかれた。サカドール氏本人も参加したのだ。
　本人を目の前にして涙がこぼれるかと思った[6]。私にとってアイドルのようなものだ。声をかけることすらためらわれた[7]。心臓がどきどきしてその緊張を抑えるためにその場から逃げ出そう[8]かと思ったくらいだ。しかし会合の最後までなんとか自制心を保つことができた。
　会合の終わりまでバカなことをしでかさずに済んだ。本当のことをいうと、上司となる人と少しの会話もできないのは残念だった[9]、彼とはこれから自分の夢をかなえることができるかもしれない。しかしあわてたっていいことは何もない。その瞬間が、これから始まる二度とないような冒険の始まりであることはわかっていた。私の悪い予感はまったく根拠のないものだった。

dar

dar pereza　面倒である

Me da pereza ir a la escuela los sábados.
　土曜日に学校へ行くのは面倒くさい。

Cuando tienes más de treinta, da pereza empezar a estudiar un nuevo idioma.
　30歳を超えたら、新しい外国語の勉強を始めるのは面倒になる。

☞ 感情の表現。

dar autorización　許可する

¿Quiere dar a todos los usuarios autorización para usar este ordenador?
　このコンピューターの全ユーザーに使用許可を出しますか？

☞ 許可、道筋など概念的なものを与えることもできます。

dárselas de　～だと思いこむ / ～だと気取る / ～のつもりである

Aquel chico se las da de guapo, pero va a ser que no.
　あの男は自分がかっこいいと思いこんでいるが、実はそうでもない。

Esos se las dan de expertos, pero cuando empieza un proyecto, no tienen ni la más remota idea de por donde empezar.
　その人たちは巧みな専門家だと気取っているが、企画を立ち上げる度に、どこから手を付ければいいかまったく分からない。

☞ この場合の las にも特に意味はないので、女性複数の代名詞を伴うことだけ注意しておけばよいでしょう。

dar un suspiro　ため息をつく

Después de unas horas de reunión muy intensas di un gran suspiro.
　長時間にわたる集中会議の後に私はおおきなため息をついた。

Cuando me licencié, no dejaba de dar suspiros por el trabajo de mis sueños.
　大学を卒業した時、夢の仕事に就きたくて、ため息ばかりだった。

☞ 単純に「与える」という意味ではなく、「行う」という意味での用法。

dar un paseo　散歩する

Mis abuelos dan un paseo por el parque todos los días.
　祖父母はその公園を毎日散歩しています。
　☞ こちらの表現も「行う」という意味での用法。

para dar y tomar　たくさん

Tenemos bebidas para dar y tomar.　やまほど飲み物があります。
　☞ あげるほどある＝たくさんある

dar paso a　導く

La subida de IVA dio paso a aquella recesión económica.
　消費税引き上げはあの不況を引き起こした。
　☞「概念的な何かを与える」という表現。この場合は「みちすじを付ける」
　　という意味。

dar vértigo　目眩がする

Da vértigo pasar por este puente colgante.
　こんなつり橋をわたると目眩がするよ。
Da vértigo pensar que mañana empezaré a trabajar en un banco.
　明日から銀行で働くことを思うと、目眩がする。
　☞ dar ＋身体感覚の代表的な例の一つ。

dar un salto　飛び上がる

Cuando entré en la habitación de mi hija, ella dio un salto y escondió algo debajo de su escritorio.
　私が娘の部屋に入ると、娘は驚いて飛び上がり何かを机の下に隠した。
　☞ dar は「行う」という意味でも使われます。dar una fiesta や dar una vuelta
　　などが有名ですが、こちらも覚えておいて損はないでしょう。

darse la mano　握手する、和解する

Los dos se dieron la mano después de discutir un buen rato.
　長時間にわたる熟議のあと、二人は握手を交わした。
　☞「お互いに手を与える」、つまり「握手をする」という意味です。

Droco, un dinosaurio y yo (2)

El día de la partida, me dieron autorización[1] para acceder a toda la documentación sobre la expedición. El volumen de páginas era tal, que me daba una pereza[2] máxima tener que leérmelos todos, pero era un requisito imperativo para aumentar las probabilidades de éxito. Así que, es lo que había.

Zarpamos.

Muchos se las daban de[3] expertos en dinosaurios, pero me bastaron un par de conversaciones y debates para poner las cosas claras. Así me gané el respeto de todos, hasta de Droco, que me cogió por banda cuando daba un paseo[4] por cubierta y me pidió expresamente que le asesorara sobre la mejor forma de cazar a este dinosaurio que atemorizaba a la gente de la zona, una vez tuviéramos definida la especie a la que pertenecía. Al oír sus palabras, di un suspiro[5] para sopesar su petición. A continuación, el vértigo que me dio[6] al pensar en un papel tan importante, dio paso a[7] una reacción en cadena. Di saltos[8] de alegría, nos dimos la mano[9] con un fuerte apretón y le dije: — Esta misión tiene que ser un éxito. Hay cosas que hacer para dar y tomar[10]. No escatimaré esfuerzos y no le decepcionaré. Todos nuestros esfuerzos darán fruto.

En esos momentos, divisamos en el horizonte nuestro destino: La isla Ralbun.

La cacería estaba a punto de comenzar.

ドロコと恐竜と私（2）

　出発の日に、探索のすべての文書を読んでよいとの許可をもらった[1]。そのページ数たるや、最後まで読み通すなんてとても面倒だった[2]が、勝算を高めるにはすべてを読み通すのが必須の条件だったのだ。なので、そうするしかなかった。

　出航した。

　おおくの人は恐竜の専門家だと気取っていた[3]が、彼らと少し会話をし、議論をしていくつかのことを明らかにすれば十分だった。こうして信頼関係を築くことができた。ドロコまでもが信頼してくれた。彼は私を捕まえて甲板へ散歩に[4]連れ出し、種の同定が済んだあとにどうやって周辺住民を脅かしている恐竜を捕まえたらよいか考えてほしいと頼んできたりもした。彼の言葉を聞いて、大きく息を吐いて[5]その頼みのことを考えた。続いて、そんな重要な役目のことを思うとめまいがした[6]が、それが連鎖反応を起こした[7]。喜びのあまり飛び跳ね[8]、彼と固く握手し[9]ながら言った。「この計画は絶対に成功させましょう。やらなければならないことは山ほど[10]あります。努力は惜しみませんし、期待を裏切りませんよ。努力は必ず実ります」。

　そのとき水平線にわれわれの目的地が見えてきた。ラルブン島だ。

　狩りは始まろうとしていた。

dar

● dar fruto　良い結果を生む

Por fin dio fruto el esfuerzo de estos años. Estoy contento.

ついにここ数年の努力が実ったので私は満足です。

☞ fruta ではなく fruto なので注意。fruta は「果物」ですが、fruto は「実り」というような意味です。

● dar lugar a　発生させる

Su amarga reacción a los planes de boda de Félix y Paz, casi dan lugar a la cancelación de la boda.

フェリクスとパスの結婚の予定に対するきつい反応は結婚の破談につながる寸前だった。

La bancarrota dio lugar al despido de todos los trabajadores.

倒産は全労働者の解雇を発生させた。

☞ 物事にその存在するための「場所をあたえる」という意味です。

● dar un ojo por　〜のために何でもする

Daría un ojo por salir con esa chica.

その娘とデートできるなら何でもするよ。

☞「目玉を与える」というのが直訳です。自分の一番大事なものの一つを渡してもよいくらい何かが欲しいという意味です。似た表現で comprar por/salir por/costar/valer un ojo de la cara もあります。どれもよく聞かれます。

● dar la paliza　うんざりさせる / 喝を入れる

Muriel me dio la paliza hablándome de su novio.

ムリエルは彼氏の話ばかりするのでうんざりだ。

☞ paliza は palo（棒）から派生した打撃を表す単語の一つです。これも「対象に苦痛・刺激を与える」という意味で使われます。

● darse un pico　キスする

Vi que ellos se daban un pico detrás de la puerta.

彼らがドアの陰でキスしているのを私は見た。

☞ pico とは「くちばし」のことですが、人間のくちばしは唇ですね。

no dar pie con bola　失敗ばかりする

Manuel es tan torpe que nunca da pie con bola.
　マヌエルは何をしてもうまくいかない間抜けなやつだ。

Mis amigos últimamente no dan pie con bola. Todos llevan más de tres meses sin trabajo.
　友人達は最近ついていない。みんな 3 か月以上前から失業している。

☞ 直訳すると「ボールが足につかない」となりますが、要するにサッカーがひどく下手で失敗ばかりというところからできた表現。

dar la plasta　うんざりさせる

Uno de mis compañeros es increíblemente tonto. Siempre me da la plasta.
　私の同僚の一人は信じられないくらいアホだ。毎度うんざりさせられる。

☞ plasta とは「押しつぶすこと、めちゃくちゃなこと」を表します。

darse prisa　急ぐ

Date prisa que ya son las cinco y diez.
　急げよ、もう五時十分だぞ。

☞ prisa という名詞は非常に訳しにくいのですが、「急ぐこと」という意味です。「自分自身に急ぐことを与える」、つまり「急ぐ」という意味になります。

dar por　〜とみなす

El ejército cartaginés se dio por vencido.
　カルタゴ軍は敗北を認めた。

Nadie sabía el paradero de Julián y le dieron por muerto.
　誰もフリアンの行方が分からず死亡とみなされた。

☞ よく使われるのは por 以下に過去分詞を持ってきて、「〜されたとみなす」という形です。

Droco, un dinosaurio y yo (3)

Tras varios días de búsqueda, muchos daban la expedición por[1] fracasada. En la zona, nadie sabía nada del dinosaurio, desde hacía más de un mes. Estaba la cosa tan relajada, que hasta se veían parejas de voluntarios pasando veladas románticas por el bosque y dándose picos[2] apostados en los árboles.

Las rondas de exploración no daban pie con bola[3]. Llevaban días sin recoger información útil. Cualquiera del equipo daría un ojo[4], un brazo o lo que sea por encontrar a nuestro objetivo. Pero nada. Yo seguía dando la paliza[5] a todos para que siguieran dándole duro y no se rindieran.

Cierto día, el intenso calor del verano y la falta de cuidado de los habitantes de la zona, dieron lugar a[6] un terrible incendio. Cuando estaba en el momento álgido, todos oímos un rugido atronador. Droco montó un pequeño equipo y nos dimos prisa[7] en llegar al lugar del que procedía el sonido. No había nada ni nadie, pero sí huellas, una huellas enormes. Las rastreamos y nos llevaron hasta una cueva y lo que vimos fue enternecedor. Era un galliminus protegiendo a sus crías, recién nacidas. Parecía aterrado por el incendio y nuestra presencia, pero yo, ávido en el lenguaje de gestos de los dinosaurios, conseguí transmitirle que no íbamos a hacerle daño.

Llegados a ese punto, Droco comprendió que el galliminus estaba atemorizado, y solo estaba protegiendo a su crías. Por tanto, tras muchas deliberaciones, se decidió transportar a todos los ejemplares que se encontraron a una isla cercana, con el mismo hábitat, donde podrían vivir sin tener miedo de nadie ni con el peligro de hacer daño a nadie.

Fue el principio de la llamada, "Isla de los Dinosaurios".

ドロコと恐竜と私（3）

　数日間の捜索のあと、ほとんどの人がこの探索は失敗だったと思っていた[1]。その地域では誰も恐竜のことをひと月以上見かけていなかった。雰囲気はだらけた感じになってきており、ボランティアのカップルが森の中で夜な夜なよろしくやっていたり、木陰でキスしたり[2]しているのが見られるようになってきていた。

　何度も捜索を出したが、結果は得られなかった[3]。有益な情報を得ないまま数日が過ぎた。チームの誰でも目的のためなら目だろうと腕だろうと差し出して[4]結果が欲しかったのだ。しかしだめだった。私はチームのみんながあきらめないように喝を入れた[5]。

　ある日、夏の暑さと、地域住民の不注意によって大規模な火災が発生した[6]。その決定的な瞬間に我々は雷鳴のような鳴き声を聞いた。ドロコ氏は小さなチームを組んで音が発生したと思われる場所に急行した[7]。しかし何もなければ誰もいなかった。しかし足跡が、大きな足跡があった。足跡を追ってわれわれはとある洞窟にたどり着いた。そこで我々が見たのは心を打たれる場面だった。一匹のガリニムスが生まれたばかりの子供を守っていたのだ。火災と我々におびえているようだった。しかし私は恐竜のしぐさに通じていたので、危害を加える気はないことを伝えることができた。

　そこまで来てドロコはガリニムスがおびえており、子供を守っているだけだったことがわかったようだった。そのため、いくつかの熟議を経た結果、これらのサンプルを近隣の島に移すことが決定された。そこは生態系が同じで、誰も恐れず、また誰も傷つけずに生きていけるはずだった。

　これが恐竜島の始まりです。

hablar

● hablar por los codos/como una cotorra　しゃべりまくる / おしゃべりである

Las vecinas hablan como cotorras. Mejor que no se enteren de lo que hacemos.

　近所の婦人たちはしゃべりすぎる。私たちのやっていることは知られない方がいい。

● hablar en cristiano/en román paladino　はっきり言う

Háblame en cristiano porque no te entiendo. ¿Qué quieres?
　何を言ってるのか分からないからはっきり話して。用件は何？

● hablar el mismo idioma　同じ目線で話す

Mi jefe y yo hablamos el mismo idioma, por eso el trabajo me va bien.
　上司とはものごとを同じ目線で話すので仕事がうまくいっている。

● hablar con el corazón en la mano　正直に話す

Hablo con el corazón en la mano al decirte esto: Te quiero.
　正直に言う：君のこと好き。

● hablar como los indios　片言で話す

Habla bien, no como los indios.
　片言で話すんじゃなくて、まともに話せ。

　☞ 日本の本や漫画では、外国人などの片言のことばをカタカナで表すことが多くありますが、スペイン語の場合は活用なしの動詞の原形（不定詞）として表すことが多いです。例：yo querer comer, tú ser Juan など。

● hablar como un cochero　罵倒する、毒づく

Aquella señora habla como un cochero. ¿Se ha vuelto loca o qué?
　あの女性は毒づき続けている。頭がおかしくなったのか？

　☞ cochero とは「馬車の御者」のことです。馬車が活躍していた時代にはそういった人は言葉遣いが非常に悪かったことからこの表現が生まれました。

● hablar peor que una verdulera　粗野な言葉遣いをする

El señor Aguilera habla peor que una verdulera cuando se enoja mucho.

アギレラさんは怒ると言葉遣いがひどくなる。

☞ verdulera とは「八百屋」のことです。cochero（御者）と同じように口が悪いことが多かったのでこの表現が生まれました。

hablar como un libro abierto　正直に話す

El profesor Pérez es de fiar. Siempre nos habla como un libro abierto.

ペレス先生は信頼できる。いつも私たちに対して正直に話をしてくれる。

☞ libro abierto とは「開いた本」のことです。開いている本のように包み隠さず話をするという意味です。

hablar maravillas de　～を絶賛する

Los programas de viajes siempre nos hablan maravillas de sitios turísticos pero muchas veces son pura ficción.

旅行番組は観光地を絶賛するが、多くの場合それはただの作り話である。

hablar sin rodeos　単刀直入に言う

Háblame sin rodeos. Así ahorramos tiempo.

単刀直入に話してくれ。時間を節約しよう。

☞ rodeo とは「回り道」のことです。回りくどい言い方をしないということです。

hablar del sexo de los ángeles　無駄な議論をする

Discutir sobre qué equipo es mejor, el Madrid o el Barcelona, es hablar del sexo de los ángeles.

レアル・マドリードと FC バルセロナのどちらが優れているかというのは無駄な議論にすぎない。

☞ 天使には性別がありませんので、その性別について話すのは無駄ということになります。

El lenguaje

Hablar idiomas es muy importante. Pero nunca hay que olvidar que los idiomas son herramientas de comunicación. Ha de haber un contenido, y para ello hace falta experiencia y leer mucho. No hace falta hablar perfectamente. Hablando en román paladino[1], se puede hablar como los indios[2] o con muchos fallos, eso da igual, siempre que nos entiendan. El conocimiento y la experiencia son determinantes para que dos personas se entiendan. Necesitan hablar el mismo idioma[3], no desde el punto de vista lingüístico, que ya lo hablan, sino más bien, desde el punto de vista psicológico. O sea, que piensen y sientan de manera similar, pues así será más fácil llegar a un acuerdo. Para hacer realidad un objetivo, no hace falta hablar por los codos[4] ni como cotorras. Lo importante es el contenido, que lo que se quiere transmitir se exprese de forma clara y concisa, y en casos, hablar con el corazón en la mano[5] para que el mensaje penetre en los oyentes.

Hablar, sí. Hablar idiomas, sí. Pero, ¿para qué? ¿qué tengo yo que decir o aportar? ¿por qué ese idioma? Despejar estas dudas ayudan enormemente al progreso del estudio.

Un minuto de reflexión.

言葉遣い

　色々な言語を話すことは重要である。しかし言語はコミュニケーションの手段であることを忘れてはならない。内容がなければならない。そのためには経験も必要だし、たくさん本を読まなければならない。完璧に話す必要は無い。はっきり話し[1]ていれば、たどたどしく話し[2]てもいいし、間違った言葉遣いでもかまわない、話が通じるならば。知識と経験はふたりの人間が理解しあうための決定的な要素だ。同じ目線で話す[3]のが大事だ。言語学的な意味ではなくて、その言語を話していることはいるのだから、どちらかというと心理学的な意味だ。つまり、同じような考え方や感じ方を共有することだ。そうすれば合意に達するのが楽になるだろう。目的を達成するためには別にしゃべりまくる[4]必要もなければ無駄口を聞く必要も無い。大事なのは内容だ。伝えたい内容が明確になっているか、また聞き手に伝わるように心から話す[5]必要もあるかもしれない。

　話すことはできる。外国語もわかる。でも何のために？　何を言ったり分かち合ったりするべきか？　なぜその言語なのか？　これらの疑問を解決するだけで勉強も大幅にはかどるだろう。

　少し考えてみよう。

---

* ha de : tener que と同じように「～のはず、～すべき」という意味。

usar

usar a +人　人を操る

Los políticos corruptos son unos rufianes. Solo quieren usar a los votantes y aprovecharse del sistema para conseguir sus propios fines.

腐敗した政治家は悪党だ。自分の目的のため、投票者をだまして国の体制を利用することのみをしたがっている。

☞「人を利用する」。どこにでもこういうことをする人がいますよね。

usar como conejillo de indias　人を実験台にする、人柱にする

En nuestro viaje a Indonesia, nos sirvieron comida muy rara y siempre usamos a Luis como conejillo de indias.

私たちがインドネシアに旅行したとき、奇妙な食事が出された。私たちはいつもルイスを人柱にした（食べさせた）。

usar y tirar　使い捨て

Las cámaras de usar y tirar fueron muy populares en los noventa.

使い捨てカメラは 90 年代にとても人気がありました。

Para ese actor tan famoso, las novias parecen como artículos de usar y tirar. Cada mes tiene una nueva.

その有名な俳優にとっては恋人が使い捨て商品のように見える。毎月新しい人が出てくる。

☞ 90 年代に使い捨てカメラはスペインでもかなり人気があったので、この表現はかなり広まりました。

sin usar　未使用の、新品の

Se vende ordenador sin usar por 500 euros.

新品のパソコンを 500 ユーロで売ります。

Esta chaqueta está sin usar. Si te gusta, es tuya.

この上着は新品よ。気に入っていればあげる。

☞ 服の場合は sin estrenar を使うこともあります。

usar un derecho　権利を行使する

Cualquier país fijo del Consejo de Seguridad de la ONU puede usar su derecho de veto.

国連の安全保障理事会の常任理事国は拒否権の行使ができる。

usar +不定詞　頻繁に〜する

De niño usaba tomar la merienda a la orilla del río de camino a casa.

　子供の時、帰り道に川のほとりでおやつを食べたものだ。

　☞ 話し言葉ではさほど聞きませんが、文学作品ではよく見かけます。

usar la violencia　暴力をふるう

Usar la violencia para conquistar un país no es más que el comienzo de una rebelión que acabará con ese régimen.

　他国を支配するため、暴力を使うのはその体制を廃止する反乱の始まりに過ぎない。

La violencia doméstica es cuando cualquier miembro de una pareja usa la violencia contra el otro.

　家庭内暴力（DV）はカップルの一方がもう一方に暴力をふるうことだ。

　☞ hacer uso de la violencia ともいいます。

usar la cabeza　考える

La mejor manera de llevar una vida estable es usar la cabeza antes de tomar cualquier decisión.

　安定した生活を送る秘訣は何かを決定する前によく考えることです。

　☞ 日本語の「頭を使う」と同じ表現です。

usar a +人 como broquel　〜を盾に使う

Los jugadores usaron al entrenador como broquel ante las críticas.

　選手たちは監督を盾に使って批判の声から身を守った。

　☞ broquel は小さな盾のこと。要は盾の代わりにするという意味です。

usar malas artes　汚い手を使う

Enriquecerse usando malas artes es moralmente reprobable.

　汚い手を使って金持ちになるのは倫理に反する。

　☞ arte は「芸術」と覚えている人も多いかもしれませんが、全般的に「技」や「技術」のことを指します。

El progreso del ser humano

Durante la guerra, en cualquier país, una gran cantidad de gente usaba a[1] los demás para sus propios fines. Todos éramos amigos de usar y tirar[2], y uno solo podía confiar en su familia. Eran otros tiempos. En Unión Soviética, se usó a multitud de gente como conejillos de indias[3] en experimentos de todo tipo. Y nadie podía usar sus derechos[4]. El concepto de derechos humanos era muy primitivo y no era universal. Un sector de la gente tenía más derechos que otros solo por razón de raza o lugar de nacimiento. Se usaba[5] obligar por sistema a mucha gente a hacer cosas que no querían, no solo con amenazas psicológicas, sino también usando la violencia[6]. Unas malas artes para los fines propios e incluso usar la raza como broquel[7] para protegerse de "enemigos externos invisibles", era costumbre en la época. Algo que perduró años hasta que en tiempos recientes, la sociedad comenzó a usar la cabeza[8] y a enmendar las injusticias. Pensar todo esto, te hace darte cuenta de que gracias a Dios, estamos avanzando y ahora, en muchos sentidos, estamos mucho mejor que hace 50 años. ¿Cómo será el mundo dentro de otros 50 años?

人類の進歩

　戦時下では、どのような国でも、人々は他人を自分のために利用していました[1]。私たちは互いにその場限りの[2]友達であり、家族しか信頼できる人はいませんでした。時代が違ったのです。ソ連では、人々を実験台にして[3]さまざまな実験が行われました。誰も自分の権利を行使[4]できませんでした。人権の定義はまだ原始的なもので、あまり普及していませんでした。一部分の人だけが、民族や出自だけが理由で、他の人よりも権利を持っていました。精神的な脅しや時には暴力を使って[6]、多くの人にやりたくないことを強制的にやらせることがよくありました[5]。私利私欲のために人を利用したり、人種を盾にして[7]「見えない外敵」から身を守ることは、その時代では当たり前でした。それは最近になるまでずっと続いていましたが、社会は頭を使って[8]不正を正し始めました。このことを考えてみると、幸運なことに人類は前進していて、50年前よりもずっと良い社会を築いていることに気づきます。今後50年たったらどのような世界になっているでしょうか。

estar

estar por 　特定の人が好きだ / 〜するところだ

Manolo es un caso. Antes estaba por María, y ahora, no sé por qué, está por su hermana.

　マノロはとんでもないやつだ。前はマリアのことが好きだったが、今はなぜか、そのお姉さんを好きになった。

¿Sabes? Estoy por presentarme al examen del DELE en la próxima convocatoria.

　ね、次回 DELE を受けようと思う。

estar a punto de ＋不定詞　〜するところである

Estábamos a punto de salir, cuando sonó el teléfono.

　出かけようとした時、電話が鳴った。

☞ a punto de というのは何かをする直前の瞬間を表す punto（直訳で点・時点）を使った表現。頻繁に使う表現なので、覚えると便利。estar al ＋不定詞でもよいです。

estar a un tris de　〜から近くにいる

Estoy a un tris de tu casa, así que podemos comer juntos de vez en cuando.

　君の家の近くに住んでいるから、たまには一緒に食事できる。

☞ a un tris や en un tris は「すぐに」、近くにいるところから短い時間で特定の場所に行ける意味でよく使われます。estar 以外の動詞と一緒にも使えます：Vivo a un tris del centro.（中心部からすぐに行けるところに住んでいます）、Corro hasta allí en un tris.（そこまですぐに走る）など。La vida es un tris. のように人生が短いことを表す用法もあります。

estar harto de　飽き飽きだ

Los padres están hartos de regañar a los hijos, y los hijos están aún más hartos de que les regañen.

　親は子供を叱るのは飽き飽きだが、子供の方だって叱られてうんざりだ。

☞ estar harto/a は、「あきれている」を意味して、その名詞が hartura となります。話し言葉でよく使うこの表現もできます：¡Qué hartura!（もうたくさん！）や ¡Qué hartura de problema!（この問題には飽き飽き！）など。

estar en vías de　〜になる・〜する途中である

Ese cantante está en vías de convertirse en el próximo superventas mundial.
　その歌手は次の世界ヒット歌手になる道を歩んでいる。

La ballena está en vías de extinción.
　クジラは絶滅しかけている。

☞ en vías de は「その途上に（ある）」という意味で、流れにそっての途中経過のことをいいます。他によく聞く表現に país en vías de desarrollo（発展途上国）があります。

estar cansado de　疲れている / うんざりする

Estoy cansado de estudiar tanto.
　こんなにもたくさん勉強して、疲れた。

Está cansada de escuchar las quejas de su jefe.
　上司の愚痴を聞いてうんざりする。

☞ estar ＋過去分詞の表現の一つですが、por を使わない点に注意しましょう。

estar que　〜するところだ、〜の状態だ

Estoy que ardo al ver que Clara ha suspendido matemáticas.
　クララが数学に落ちたことが分かったから、怒り爆発寸前だ！

Estoy que me como al árbitro por no pitar falta.
　審判がファウルをとらないから、丸かじりにしてやりたい！

☞ estar の主語と que 以下の主語が同じになるところに注意。主語が que 以下の文のような状態だという意味でも使われます。

estar entre　〜に・で迷う

Tengo un hambre que me muero, pero estoy entre comerme un bocata de jamón o irme a dormir porque no quiero engordar.
　腹が減って死にそうだ。でも太りたくないので、ハムサンドを食べるか寝てしまうか、どっちか迷う。

Opciones de vida

Érase una vez una princesa llamada Juliana que estaba por[1] convertirse en ama de casa o en guerrera. Eran dos extremos opuestos, por tanto, no podía decidirse fácilmente. Un día, cuando estaba a punto de[2] tomar la decisión, la llamó su padre, el rey, y el consejero real para tratar el asunto.

Hablaron con ella para convencerla de que lo mejor era dedicarse a criar a los futuros herederos de la corona. La princesa estuvo a un tris de[3] dejarse convencer, pero al final estaba tan harta de[4] las palabras de ambos, que explotó de ira y se fue de la sala.

La pobre Juliana no podía parar de pensar. Estaba en vías de[5] llegar a una conclusión, cuando el cansancio y la presión pudieron con ella. Estaba tan cansada de[6] pensar en su futuro que durmió cinco días seguidos. Estaba que[7] se tiraba por un barranco al no poder tomar una decisión.

Al final, su decisión fue la más fácil. ¿Por qué elegir? Con esfuerzo y seriedad, se puede estar por un apuesto príncipe y hacer realidad sus sueños.

Y colorín colorado, este cuento se ha acabado.

FIN

人生の選択肢

　昔々あるところに主婦になるかさもなくば戦士になるか選択を迫られている[1]フリアナというお姫様がいました。あまりにも極端な選択肢だったので簡単には選ぶことができませんでした。決断の日が迫ってきた[2]ある日、父親である王と大臣に呼び出され、そのことについて協議をすることになりました。

　二人は未来の後継者を育てるのが最上の選択肢だと説得しようとしました。お姫様はもう少しで言いなりになるところでした[3]が、二人の話にだんだんうんざりして[4]きて、しまいには怒りをあらわにして部屋から出て行ってしまいました。

　哀れなフリアナは考えるのをやめることができませんでした。もう少しで決断ができるころに[5]、疲れと緊張が彼女を打ち負かしてしまいました。将来を考えることにあまりにも疲れていた[6]ので5日間眠り続けました。あまりにも決断ができないので、崖から飛び降りそうになってしまいました[7]。

　結局、彼女の決断は最も簡単なものでした。「なぜ選ばなければいけないのか？」真面目に努力すればかっこいい王子様と結婚して、自分の夢をもかなえることだってできるのだから。

　めでたしめでたし。

estar

● estar que uno se cae　疲労困憊だ / 空腹で倒れそうだ

Después de entrenar durante diez horas, los jugadores están que se caen.

　10 時間トレーニングして、選手たちは疲労困憊である。

No he comido nada desde ayer. ¡Estoy que me caigo!

　昨日から何も食べていない。倒れそう！

☞ que uno se cae は「倒れそうだ」。使う場面は基本的に二つ。一つは疲労困憊の時、もう一つはお腹がすいていて倒れそうな時になります。

● estar para　〜するところである

Luisa está para trabajar en la cooperativa aceitera de su pueblo.

　ルイサは地元のオリーブオイル会社で働き始めるところである。

● estar a +日付　〜の日付である

Hoy estamos a 25 de enero.

　今日は 1 月 25 日です。

☞ 日付をいう時には ser 動詞も使いますが、上記の例文のように表すのも会話でよく使います。

● estar calado (hasta los huesos)　ずぶ濡れである

Estamos caladas hasta los huesos por culpa de esta lluvia torrencial.

　この大雨で私たちはずぶ濡れになった。

☞ calado は動詞の calarse の過去分詞であるので、Nos calamos hasta los huesos por culpa de esta lluvia torrencial. のような言い方もあります。

● estar a lo que haya/salga　何があってもやる姿勢である

En el trabajo hay que estar a lo que haya.

　仕事は何があっても対応しないといけない。

Con lo mal que está la economía, hay que estar a lo que salga.

　こんな深刻な不景気ではどんな事にも対応しなければならない。

☞ 直訳でいう「何があってもその場にいる」から転じて、「さばく」、「対応する」を意味することになりました。

estar a sus anchas　のびのびする

No puedo estar a mis anchas en la casa de los padres de mi novia.
　彼女の実家ではなかなか落ち着いていられないな。

☞ ストレッチしたり、好きなように動けるところでは、のびのびできて、リラックスできるところがこの表現の由来とされています。

estar como pez en el agua　生き生きする、水を得た魚である

Trabajando en este área estoy como pez en el agua.
　この分野で仕事をすることには、かなり自信が持てる。

☞ 魚は水の中で一番能力が生かせることからできた表現です。他に一緒に使える動詞に sentirse があります。

estar en vilo　緊張感を持つ

No sé si aprobé el examen del carnet de conducir. Estoy en vilo en espera de los resultados.
　運転免許テストに合格したかどうか分からない。結果を緊張して待っている。

☞ 他にはこのように使えます：tener a ＋人 en vilo

estar de más　余っている

Te has traído ocho libros. Solo hay cinco alumnos. Tres libros están de más.
　本を 8 冊持ってきた。学生は 5 人しかいない。3 冊余っている。

☞ 「余分な状態」と考えると分かりやすいでしょう。

Un misterio aterrador (1)

Era una noche oscura. Sebastián Malatesta <u>estaba que se caía</u>[1] después de un intenso día. <u>Estaba para</u>[2] llegar a su casa, cuando oyó un chirrido en el callejón.

La lluvia era tan intensa como el día que había pasado. Ni que decir que <u>estaba calado hasta los huesos</u>[3] y no paraba de toser y estornudar.

Como investigador, siempre había que <u>estar a lo que hubiera</u>[4]. Eso venía con el oficio, pero no eran fechas para sumergirse en un caso tan complicado.

<u>Estaban a</u>[5] diecisiete de enero. Solo quería <u>estar a sus anchas</u>[6] en la paz de su casa. Pero el trabajo era lo primero, y él, <u>estaba como pez en el agua</u>[7] investigando uno de los casos más intrincados con los que se había cruzado hasta la fecha.

Ni el frío, ni la noche, ni la lluvia, ni siquiera los estrambóticos sonidos que le rodeaban, lograban distraer al magnánimo Sebastián.

Su cliente, en este caso, clienta, Marta Olariza, sentía que a veces la seguían por la calle. Cuando salía, <u>estaba</u> siempre <u>en vilo</u>[8]. Se sentía observada. Además, cuando cenaba con su familia, tenía una sensación extraña. Era como si... <u>estuviera de más</u>[9]. Quería descubrir qué estaba pasando.

恐ろしい謎（1）

　暗い夜のことでした。セバスティアン・マラテスタはとても忙しい一日の後で倒れそうなくらい疲れていました¹。家にたどり着く直前に²、袋小路からギーギー音がするのが聞こえました。

　雨はとても激しく降りしきっていて、まるでその日を表しているかのようでした。もちろん全身ずぶ濡れになって³しまっていて、咳とくしゃみが止まりませんでした。

　探偵としては何が起きてもいいような心構えで⁴いなければならない。職業柄そういう心構えはありましたが、そのときはそんなに厄介な問題に首を突っ込むにはタイミングが悪かったのです。

　その日は⁵1月17日でした。本当は家でのびのびと寛いで⁶いたかっただけなのです。しかし仕事はいつでも第一に考えていましたから、水を得た魚のように⁷それまでに出会った中でも一番不思議な事件の調査を始めました。

　寒さも、夜も、雨も、ざわめく音も仕事に燃えるセバスティアンの気を散らすことはできません。

　依頼者の女性マルタ・オラリサは、時々誰かにつけられているような気がしていました。外出していてもいつも緊張していました⁸。誰かに見られているような気がしていました。それだけでなく、家族と夕食をとっていても奇妙な感じがしていました。それはまるで……誰か他の人がいる⁹かのようでした。何が起きているのか知りたかったのです。

estar

● estar de sobra　余っている

Parte del personal de la oficina está de sobra. No hay suficiente trabajo para todos.

　スタッフの一部が余っている。全員に十分な仕事はない。

　☞これも「余っている状態」と考えましょう。

● estar en condiciones de　～の状態である

No estáis en condiciones de enfrentaros a ese equipo. Seguro que perderíais.

　君たちはそのチームと対決するほどの実力はないよ。負けるに違いない。

　☞直訳では「その条件である」で、何かをするための「条件を満たす」の意味です。

● estar en las nubes　上の空である

Últimamente estás siempre en las nubes. ¿Es que te has echado novia?

　最近、ぼーっとしてばかり。もしかしたら、彼女ができたの？

　☞「雲の中にいる」という表現です。

● estar en la luna　上の空である

Esta chica está en la luna. Nunca llega a tiempo cuando quedamos.

　この子はぼんやりしているね。約束の時、必ず遅れてくる。

● estar que uno rabia　激怒する

Los franceses están que rabian por el terrorismo que han sufrido en los últimos años.

　フランス人はここ数年に起きたテロに激怒している。

　☞rabiar の語源は rabia「狂犬病」から来ているので、その病気にかかっているかのように激怒する状態を表します。

● estar sin blanca　すっからかんである

Estoy sin blanca este mes porque me ha tocado pagar un montón en la declaración de la renta.

　確定申告でかなりの金額を払うことになったため、今月はすっからかん

だ。

☞ 状態をいう時は estar sin blanca になりますが、すっからかんになった結果をいう時は quedarse sin blanca といいます。

estar en sí　理性を保つ

Dejé de estar en mí cuando oí que Michael Jackson había muerto.

マイケル・ジャクソンが亡くなっていたことを聞いた時、正気でいられなかった。

☞ sí はこの場合「自分自身」を指します。その自分自身に意識がとどまるか、それとも自分の領域から離れてしまうのかという表現です。

estar fuera de sí　我を忘れる

Los guerreros estaban fuera de sí cuando alcanzaron la victoria.

兵士たちは勝利を成し遂げた時喜びにあふれた。

☞ この場合の sí も肯定の意味ではなく、「自分自身」という意味。自分の外に自分がいる、つまり自分をコントロールできないということ。

Un misterio aterrador (2)

Marta sentía que <u>estaba de sobra</u>[1], que sus allegados le ocultaban algo. Y no solo en su casa. También en su oficina y cuando salía con amigos a tomar algo. Día sí y día no, <u>estaba en las nubes</u>[2]. No podía pensar fríamente. <u>Estaba en la luna</u>[3]. La situación llegó a tal extremo, que <u>estaba</u> casi <u>en condiciones de</u>[4] tirar la toalla, abandonarlo todo e irse a vivir a otro lugar sola. Llegó a un punto en el que estaba ya fuera de sí. La intranquilidad podía con ella. <u>Estaba fuera de sí</u>[5]. Esta situación llevaba sin cambiar durante un mes aproximadamente y... para más inri, se dio cuenta de que <u>estaba sin blanca</u>[6]. Su situación era desesperada.

Sebastián había descubierto el misterio, pero se vio en la obligación de no desvelárselo a su cliente.

Esa noche, Marta llegó a casa hacia las 21:00. Era viernes. Abrió la puerta, pero la luz no se encendía. Estaba aterrada. Pensó que había llegado su hora. El miedo se había apoderado de ella y estaba a punto de desmayarse cuando finalmente, un estruendoso ruido y luces refulgentes la dejaron turulata:
¡SORPRESA! ¡FELIZ CUMPLEAÑOS!

Resulta que todos sus allegados habían estado preparando minuciosamente el 50 cumpleaños de Marta y, lo mantuvieron todo tan en secreto, que lejos de comprenderla, le causaron un terrible miedo y estrés.

Moraleja: Sorpresas, vale, pero las justas y en la justa medida.

恐ろしい謎（2）

　マルタは のけ者にされている[1]と感じていました。身内が何かを隠しているように思えたのです。自分の家だけでなく、会社でも、誰かと飲みに出かけていても。毎日ボーっとしていました[2]。落ち着いて考えることができなくなりました。注意力がなくなってしまいました[3]。最後にはひどい状況になって[4]しまい、何もかもあきらめて他のところへいって一人で暮らそうと考えました。我を忘れるところまで来てしまっていました。いらいらに囚われてしまっていました。上の空でした[5]。この状況は変わることなく大体一か月続き、その上、お金がない[6]ことにも気づいてしまいました。状況は絶望的でした。

　セバスティアンは秘密をかぎつけたのですが、それを彼女に伝えてはいけないと思いました。

　その夜、マルタは夜の9時ごろに帰宅しました。金曜日でした。ドアを開けたのですが、電気は点いていませんでした。彼女は恐れました。とうとう最悪の時が来てしまったのだと。恐怖のあまり気絶する寸前だったその時、はげしい音とキラキラする光であっけに取られてしまいました。
「びっくりしたかい！　誕生日おめでとう！」

　結局家族みんなが綿密にマルタの50歳の誕生日祝いの準備をしていたのですが、それを彼女に隠していたのです。彼女はそれに全く気づかず、ストレスを感じ恐れていました。

　注意：ドッキリはOKだけどちゃんとした事をちゃんとした方法でやりましょう。

estar

● estar hecho una fiera　激怒する / 並外れている

Estaba hecho una fiera porque su amigo le había mentido.
　友達に嘘をつかれたので、激怒した。

Corriendo está hecha una fiera.　走っているときは並外れた力を出す。

☞ この表現は少し揺れていて、男性に対しては un fiera も una fiera も使えます。

● estar de ＋職業　～の仕事をしている

Mariluz está de funcionaria en el ayuntamiento de Polopos.
　マリルスはポロポスの役場で公務員をしている。

☞ 所属先を言っても言わなくてもあらゆる職業で使えるかなり便利な表現。自分に対して使っても問題ありません。

● estar al corriente de　～の最新情報が分かっている

Hay que leer el periódico todos los días para estar al corriente de las noticias.
　最新のニュースを追うには新聞を毎日読まなくてはならない。

☞ corriente は「流れ」のこと、「時流に乗る」という表現と似ています。

● estar pendiente de　～の最新情報を追う

Todos estamos pendientes de lo que haga la selección en el mundial.
　私たちはみなワールドカップでの代表の動向に注目している。

☞ estar en vilo に近いのですが、結果の重大さを感じさせず、どちらかというと、状況を知りたい気持ちが強調されます。

● estar apurado　急ぐ、忙しい / 金欠である

Ayer estaba apurado y no te pude llamar. Lo siento.
　昨日は忙しかったので、電話できなかった。ごめん！

Este año estamos apurados y no tenemos presupuesto para una nueva rama de negocio.
　今年は資金がなくて、新規事業の予算がない。

☞ apurar は「あるもので最大限のことをする」。apurar el tiempo や apurar el presupuesto は日常的に使える表現です。apurarse になると、「急ぐ」

や「忙しい」の意味になります。¡Qué apuro! のように感嘆詞の qué に名詞の apuro を一緒に使うと、「困った！」ということになります。

estar a dos velas　お金がない / 異性と縁がない

Desde que la despidieron, está a dos velas y no quiere salir a tomar nada.
　彼女はクビになってから、お金がなくて、飲みに行きたがらない。

En el colegio siempre estuvo a dos velas, pero desde que juega al fútbol, tiene que apartarse a los admiradores a pares.
　学生時代はずっともてなかったが、サッカーをして以来、ファンを次から次へと追い払わなければならない。

☞ この表現は「ろうそくを2本たてているだけの暗い状態」から転じて、「いいことがない」、「お金も恋人もいない」との意味になりました。

estar al caer　〜が起きる、誰か・何かが到着するところである

La próxima temporada de vacas gordas tiene que estar al caer.
　近いうちに好景気になるでしょう。

El cliente estará al caer. Ya han pasado dos minutos de la hora de la reunión.
　お客さんはもう到着するはずだ。約束の時間を2分過ぎている。

☞「落ちる真っ最中にある」なので、あと少しで着地することで、何かが起きる前のタイミングでよく使う表現です。例えば：La Navidad está al caer.（クリスマスはもうすぐだ）や Tu cumpleaños está al caer.（君の誕生日はもうすぐだね）も自然な表現です。

estar de acuerdo con +人　合意する

Hablar para conseguir estar de acuerdo con alguien es uno de los principios de las relaciones humanas.
　合意を形成するための会話は人間関係の基本の一つである。

☞ estar を使う時は「合意ができた状態」を表し、「合意に達する」は llegar a un acuerdo con となります。

Altibajos

Mi cuñado está hecho una fiera[1] hoy. Está de[2] periodista deportivo en un periódico muy respetable. Está al corriente de[3] todo lo ocurrido en la liga de fútbol y no comprende cómo su equipo ha vuelto a perder. Y encima contra su rival más acérrimo. Ahora está pendiente de[4] los resultados de la sección de baloncesto de su equipo. Espera tener una buena noticia para así calmar a la fiera que lleva dentro...

Con tanta pasión deportiva, ahora está apurado[5]. No ha terminado dos artículos que tiene que entregar hoy para la edición de mañana del periódico y no va a llegar a tiempo a recoger a mi sobrina, su hija, a la guardería. Está a dos velas[6] desde la crisis de los medio de comunicación, y los fines de semana se ha visto obligado a trabajar también para llegar a fin de mes. Así es la vida. No obstante, cree firmemente que, aunque ahora haya vacas flacas, las vacas gordas están al caer[7]. Todos sus amigos y familiares están de acuerdo con[8] él. Tienen fe en el futuro.

浮き沈み

　私の義理の兄が今日は凄く怒っていました[1]。ある有名なスポーツ新聞の記者をしています[2]。サッカーリーグで起きている全てのことに通じている[3]のに、彼のお気に入りチームがなぜ繰り返し負けたのか分からなかったのです。しかも一番のライバル関係にあるチームにです。いまは同じチームのバスケ部門の結果を待っています[4]。煮えくり返る腹を落ち着かせるためにいいニュースを期待しています。

　彼はスポーツが大好きなだけに余計いらいらしています[5]。明日の朝刊に出さなければならない2つの記事はまだ書き終わっていません。それに私の姪、つまり彼の娘を幼稚園に迎えに行かなければなりません。メディア危機の影響でお金が無い[6]ので週末も働かないと月末まで持ちません。人生はこんなものです。しかし、今は不景気でも好景気がもうすぐ来る[7]と固く信じています。友達も家族も彼に賛成です[8]。未来を信じています。

---

* vacas flacas, vacas gordas：vaca は「雌牛」ですが、ここでは景気そのものを表します。

estar

● estar de buen/mal humor　機嫌がいい / 悪い

Cuando está de buen humor, es maravillosa, pero cuando se le agría el humor y está de mal humor, mejor no acercarse.

　彼女は機嫌がいい時はいい人だが、機嫌が悪い時は近づかない方がよい。

　☞ この表現に限らず、estar de ＋名詞で「～の状態である」という意味になる場合が結構あります。

● estar en el limbo　人生に迷う / 状況が不確定である

No sé qué hacer con mi vida, estoy en el limbo.

　人生でどうすればいいのか分からない。かなり迷っている。

Ahora que están reestructurando mi empresa, estoy en el limbo y no tengo trabajo. Estoy mirando a la ventana todo el día.

　勤務中の会社が再建の真っ最中なので、私は状況は不確定で、やる仕事はない。窓際族同然である。

　☞ limbo は最終的な運命が決まっていない魂が訪れる場所とされているところから、「迷う」や「不確定」の意味になりました。

● estar en todo　気配りができる

Vaya, vaya, no pensaba que te ibas a acordar de mi cumpleaños, estás en todo, Maite.

　ビックリ！　私の誕生日を覚えていてくれたとは、さすがだね、マイテ。

　☞ 直訳では「あらゆるところを見ている」、転じて「気配りができる」となります。

● estar de paso　どこかに行く途中で別のところを一時的に通る

En las ciudades grandes mucha gente está de paso para trabajar o estudiar.

　都会を仕事や教育の中継地点にする人が多い。

● estar pasado de rosca　世間ずれしている / 世慣れている

Con los años que tienen y todo lo que le ha ocurrido, ya está pasado de rosca. No le sorprende nada de nada.

　彼は年齢を重ねて幾多の困難を乗り越え、世間について知り尽くしてい

る。どんなことにも驚かない。

☞「限度を超える、一定の水準を超える」という意味でも使われます。

estar en Babia　ぼうっとする

¿Es que estamos en Babia? ¡Mira por dónde vas!

　ぼうっとしてんのかよ！　前を見て歩け！

☞ Babia は地名ですが、要するに「今いる場所から離れたところに気が行っている」ということ。

estar en brazos de Morfeo　眠っている

Nuestra hija por fin está en brazos de Morfeo. Ahora, tranquilidad total y a tener buenos momentos de pareja.

　娘がやっと寝てくれた。さて、夫婦水入らずでのんびりしよう。

☞ Morfeo はギリシア神話の夢の神であるところから、estar en los brazos de Morfeo は「夢の神に抱かれる」＝「眠っている」との意味になりました。

estar loco de remate　頭がおかしい

Se ha aficionado al puenting. ¡Está loco de remate! Espero que no le pase nada.

　やつはバンジージャンプを趣味にした。頭がおかしいんじゃないの！　何事もなければいいけど。

☞ estar loco は「頭がおかしい」。de remate を加えると、意味が拡大され、「非常に頭がおかしい」となります。

estar pez　まったく知らない

Estos tres estudiantes están pez en español. Métales un buen repaso.

　この学生 3 人はスペイン語がまったくダメだ！　とことん復習させてください。

Turisteo con turistas

Hoy <u>estoy de buen humor</u>[1]. Me he levantado con el pie derecho y he tenido una mañana agradable. Me acabo de licenciar de la universidad y <u>estoy en el limbo</u>[2], vale. No tengo trabajo ni sé si me aceptaran en alguna de las empresas en las que he echado papeles. Pero tengo esperanza y además, tengo holgura para <u>estar en todo</u>[3] y no olvidar el cumpleaños de ninguno de mis amigos. Precisamente ahora, una amiga de Toledo <u>está de paso</u>[4] por la ciudad y le estoy haciendo rutas por toda la ciudad.

Llevamos cinco días andando de sol a sol y ya estamos hechos polvo los dos. Mi amiga, que <u>está</u> un poquito <u>pasada de rosca</u>[5] después de viajar por más de cincuenta países, quiere ir a los lugares más estrambóticos. Hoy <u>está</u> todavía <u>en brazos de Morfeo</u>[6]. Debe de estar hecho cisco después de tanto trote, así que esperaré un poco más a despertarla.

<u>Estamos locos de remate</u>[7]. He hecho los cálculos y resulta que en estos días hemos andado entre pitos y flautas más de 100 kilómetros. Por eso nos dolían tanto los pies anoche… Y pensar que yo <u>estaba</u> completamente <u>pez</u>[8] sobre los sitios turísticos de mi ciudad… Gracias a mi amiga, ¡me he convertido en un experto!

僕は観光客と観光に行く

　今日は機嫌がいい[1]。右足からおきたし、快適な朝を過ごした。大学から卒業したばかりで宙ぶらりんの状態だ[2]、けどまあ仕方がない。たしかに仕事はないし履歴書を出してみたどこかの会社が雇ってくれるかどうかもわからない。でも希望はあるし、色々気を配る[3]余裕もあるし、友達の誕生日を忘れたりもしない。ちょうど今、トレドに住んでいる女友達が町に立ち寄って[4]いて、町中を案内して回っているところだ。

　5日間毎日朝から晩まで歩き回って二人ともくたくただ。彼女は50か国以上を旅行してきて、ちょっともう飽きてきている[5]ので、妙なところばかり行きたがる。今日は彼女はまだ寝ている[6]。かなり歩いたので疲れ果てているのだろうから、起こすのは少し待っておこう。

　僕たちはかなりイカれている[7]。計算してみたら、ここ数日でなんだかんだで100キロ以上歩いたんだ。だから昨晩は足が痛くて仕方がなかった。自分の町の観光名所については全然知らなかった[8]けど、彼女のお陰で今はすっかりエキスパートだ。

* スペイン語文化圏では朝ベッドから下りるときにどちらの足から地面につくかで運を占います。
* de sol a sol：日の出から日の入りまで。
* entre pitos y flautas：笛には関係がなく、「いろいろな事」を表します。

ser

● ser una lástima　残念だ

Es una lástima que no vengas a la fiesta.
　君がパーティーに来ないとは残念だ。

☞ ¡Qué lástima! などの感嘆文にしてもよいでしょう。

● ser el colmo　我慢ならない

¿Te pegaron y robaron la cartera? ¡Eso es el colmo!
　殴られて財布を取られただって？　それはひどい！

☞ colmo は「山盛り」というような意味です。スペイン語では「山盛り」や「いっぱい」といった単語が否定的な表現で使われることがよくあります。

● ser más papista que el Papa　当事者よりも熱心だ

¿Por qué habla siempre de ese tema? ¡Es más papista que el Papa!
　なんで彼はいつもその話をしているんだろう？　本人よりも熱心すぎるってどうなの？

☞ el Papa とは「父」ではなくいわゆる「法王」のことです。「法王よりも法王のことに熱心な人だ」。

● ser el ojo derecho de　〜のお気に入りである

Jesús es el ojo derecho del jefe.
　ヘススは上司のお気に入りである。

☞ ser el brazo derecho「右腕である」という表現と間違えないようにしましょう。

● ser la bomba　すごいことだ

¿Has traído una botella de whisky? ¡Eres la bomba!
　ウイスキーのボトルを持ってきてくれたのかい？　やったぜ！

☞ bomba とは「爆弾」もしくは「ポンプ」のことです。「勢いがある、印象が強い」といった意味で使われます。

● ser capaz de clavar un clavo con la cabeza　頑固である

Pedro es capaz de clavar un clavo con la cabeza. No hace caso a nadie.
　ペドロは頑固だ。誰にも耳を貸さない。

☞ 釘を打つには固いもので叩く必要がありますね。「頭で釘が打てる」ほど固いという比喩表現です。

● **ser tal para cual　そりが合わない**

Ellos riñen cada dos por tres. Son tal para cual.
　彼らは喧嘩ばかりしている。そりが合わない。

● **ser dos caras de la misma moneda　表裏一体である**

Ser bravo y violento son dos caras de la misma moneda.
　勇猛であることと乱暴であることは、表裏一体だ。
　　☞「同じコインの2つの面だ」というのが直訳です。つまり裏表両方だということですね。

Querida hermana

Es una lástima[1] que no hayas conseguido aprobar todas las asignaturas en junio. Te vas a quedar sin vacaciones, pues tienes que estudiar para septiembre. Sería el colmo[2] que papá te dejará ir a la playa con las notas que has tenido. Como eres el ojo derecho[3] de papá, a lo mejor hasta te deja, y eso no debería ser. Somos hermanas.

Somos hechas tal para cual. Si yo digo sí, tu dices no, si yo digo B, tú dices A. Y tú eres la bomba[4]. Siempre saliendo por ahí y sin hacer lo que tienes que hacer. Ahora deberás atenerte a las consecuencias. Eres capaz de clavar un clavo con la cabeza[5] con lo burra que eres a veces, y hasta salir indemne de situaciones difíciles, pero esta vez las notas del último trimestre son una prueba irrefutable de tu falta de esfuerzo. Vale, me dirás que soy más papista que el Papa[6] con las reglas, pero es lo que hay.

Ya sabes, son las dos caras de la misma moneda[7]. Si estudias, tienes todo lo que quieres, si no, a recuperar el tiempo perdido.

Yo, como no tengo ningún cate, me voy mañana a estudiar inglés a Irlanda. ¡A ver si vamos juntas el año que viene!

妹　へ

　六月の試験で全部の科目であなたが合格できなかったのは残念ね[1]。夏休みはないのよ。九月まで勉強しないとね。もしパパがそんな成績をとったあなたを海へ遊びに行かせたらひどいわ[2]。あなたのことがパパは可愛くてしかたない[3]からひょっとしたら許すかもしれないけど、そんなことはあってはならないと思うの。私たちは姉妹なんですもの。

　私たちは何から何まで正反対ね。私がはいといえばあなたはいいえ。私がBといえばあなたはA。とんでもない人だわ[4]。いつもやることをやらないで抜け出していた。その結果の責任を負う時が来たのよ。あなたはかたくななまでに[5]怠け者のくせに時々うまく抜け穴をみつけて、ひどい状況からぬけだしたりするわね。でも今回の最後の学期の成績はあなたが努力しなかったという取り消し様のない証拠なのよ。私がルールを作った本人よりもルールに厳しい[6]とあなたはいうかもしれないけど、これが現実なのよ。

　わかるでしょう？　これはコインの裏表のようなものよ[7]。勉強すればほしいものが手に入る。しなければ、無駄にした時間を取り戻さなければいけない。

　私は一つも落第がなかったから、あしたからアイルランドに英語の勉強に行ってくるわね。来年は一緒に行けるといいわね。

ser

● ser una bendición　素晴らしいことだ

El fin de semana es una bendición.

　週末は素晴らしいものだ。

　☞ bendición とは「神の祝福」という意味です。何か素晴らしいものやうれしい物事を評価するのに使います。

● ser un caso　変わった人である

Carolina es un caso. Le gusta dibujar tanto que dibujó hasta en la pared de su dormitorio.

　カロリナは変わった人だ。寝室の壁にらくがきをしてしまったくらい絵をかくのが好きだ。

　☞ caso とは「ケース・場合」のことです。意訳すると「特殊な例」ということになります。

● ser el amo　その場をしきっている、うまいこと物事を運ぶやつだ

Fernando es el amo. Gracias a él, ganamos mucho dinero.

　フェルナンドはいいまとめ役だ。彼のおかげで稼げる。

　☞ amo とは「主人」のことです。「その場の主人・まとめ役である」ということですね。

● ser aprendiz de todo y oficial de nada　気が多くて何も身についていない

Marcos es aprendiz de todo y oficial de nada. Es que nunca puede concentrarse en una cosa.

　マルコスは色々手を出すが何もできない人だ。一つのことに集中することができないんだ。

　☞ aprendiz とは「見習い」のことで oficial は「一人前の職人」のこと。つまり「何一つ人より優れた域に達していない」ことを表します。

● ser un cacho de pan　いいやつである

Pepito es un cacho de pan. Siempre ayuda a sus abuelos.

　ペピートは凄くいい人で、いつも祖父母の世話をしている。

　☞ cacho de pan とは「一切れのパン」のことです。

ser una chispa　頭の回転が速い

Daniela es una chispa. Soluciona todos los problemas por sí sola.
　ダニエラは頭の回転が速い。どんな問題も一人で解決してしまう。

☞ chispa とは「火花」のことです。日本語でいうなら「知性のきらめきを見せる」といったところでしょうか。

ser más listo que Lepe　機転が利く、賢い

Este ladrón es más listo que Lepe. ¿Cómo podemos detenerlo?
　この泥棒は賢い野郎だ。どうやって捕まえたらいいんだ？

☞ Lepe とは Calahorra という町の司教で、有名な本を書いた人のことです。その人よりも物知りだ、賢いという意味なのです。

ser para menos　無理もないことだ

Nuria se enfadó con su novio, pero no es para menos.
　ヌリアは彼氏に対して激怒したが、無理もないことだ。

☞ no ser para menos とは「それ以下のことは比例しない」ということ、つまりは「行われた行動が妥当である」という反語的な意味になります。

¿Don natural o esfuerzo?

En la vida, principalmente cuando uno es joven, hay que ser aprendiz de todo y oficial de nada[1]. No creerse alguien, y ser humilde hasta encontrar lo que a uno realmente se le da bien o por lo que uno siente verdadera pasión. Es una bendición[2] encontrar ese "algo" pronto, pues será posible profundizar en ello desde edades muy tempranas y ser mejor que nadie. La gente que parece ser un chispa[3], que todos consideran que son los amos[4], en la mayoría de las ocasiones, se lo han ganado con el trabajo del día a día. Nadie es más listo que Lepe[5] de forma natural. Posiblemente casi todo se labra, incluso dotes que aparentemente vienen en el ADN, como la inteligencia. No obstante mi primo es un caso[6]. Tiene ya casi cuarenta años y sigue pasando los días en busca de algo que le guste... Y sus padres, mis tíos, están que trinan. No es para menos[7]. A su edad, ¡jamás ha trabajado y le siguen manteniendo!

才能か努力か

　人生において、若いうちは色々なことに手を出す[1]べきだ。自分を過信せず、自分が得意で熱中できることを見つけるまでは謙虚に振舞わなければならない。その「何か」を早く見つけられた人は幸運だ[2]。そうであれば若いころから技術を深めることができるし、誰よりも能力を伸ばすことができる。何でもすぐにできる[3]ように見える人で、みんなを取り仕切っている[4]人たちも、才能があると思われているが、大体においてその能力は日々の鍛錬で身に着けている。生まれながらに能力が高い[5]人などいない。どんな能力でも磨き上げることができる。たとえそれが知性のようにDNA遺伝から来ているように見えていても。しかし私のいとこはとんでもないやつだ[6]。もう四十歳近いのに、まだ自分のやりたいことがわからずに日々を過ごしている。そして彼の両親、つまり私のおじとおばは今にも発狂しそうだ。それも無理はない[7]。その年齢になってもまだ彼は働いたことがなく、両親が彼を支えているのだ。

＊ ADN：DNA。スペイン語は形容詞の位置が英語と逆なので、この語順になります。ácido desoxirribonucleico

ser

● **ser una criatura** 子供だ、純真だ、若い

La hija de mis vecinos es una criatura. 　隣の娘は純真ないい子だ。

☞ criatura とはこの場合「穢れのない存在だ」という比喩的な意味です。

● **ser cuestión de** 〜すればよい

No te preocupes. Es cuestión de escribir un e-mail.
　気にするな。メールを書けばいいだけさ。

☞ cuestión は「いま話題になっていること」という意味が強く、そこから転じて「いまやるべきことは」という意味になります。

● **ser de** +不定詞　〜するべきだ、〜のは当然だ

Es de esperar de Bárbara. ¡Qué lista es ella!
　バルバラはやってくれると思っていた。彼女は賢いなあ！

● **ser como dos gotas de agua**　そっくりだ

Ellas son como dos gotas de agua pero no son gemelas.
　彼女らは瓜二つだが、双子ではない。

☞ gota とは「雫」のことです。滴る水は同じ形をしていますね。

● **ser todo un hombre**　とても男らしい

Ya eres todo un hombre, hijo. 　すっかり男らしくなったな、息子よ。

● **de ser posible**　可能であれば

De ser posible, no quiero hacerlo otra vez.
　可能であれば、二度とやろうとは思わない。

● **no ser para tanto**　大したことではない

No te enfades. No es para tanto. 　怒るなよ。そんな大したことじゃない。

☞ no ser para menos と似た表現ですが逆の意味になります。

● **ser uña y carne**　切っても切れない

Mis hermanas y yo somos uña y carne. Vamos juntos a todos lados.
　私と姉妹は切っても切れない関係で、いつでもどこでも一緒に出掛ける。

☞ uña とは「爪」、carne は「肉」のことです。それをひきはなすとは考えただけでも痛そうですね。

La familia

Los enanos de la familia <u>son unas criaturas</u>[1]. <u>Es cuestión de</u>[2] segundos que todo el mundo alrededor les empiece a reír las gracias y a hacerles carantoñas. Aunque no son gemelos, <u>son como dos gotas de agua</u>[3]. Se parecen mucho físicamente y hasta en el comportamiento. <u>Es de</u>[4] esperar que cuando crezcan se lleven bien y puedan compartir experiencias. Algún día <u>serán todos unos hombres</u>[5] y, <u>de ser posible</u>[6] me gustaría que aprendieran idiomas y vivan un tiempo juntos en el extranjero. La abuela se pondrá muy triste, seguro, pero <u>no será para tanto</u>[7]. Espero... Es que en mi familia, todos los miembros <u>somos uña y carne</u>[8].

La familia es lo más importante. Hay que disfrutar con ella y superar los problemas.

家　　族

我が家のおチビさんたちは<u>純真ないい子たちです</u>[1]。数秒待つだけで[2]まわりの人を笑わせたり、甘えたりします。双子ではありませんが、<u>そっくりです</u>[3]。外見も似ているし、しぐさも似ています。大きくなっても仲良くして色々な経験を一緒にする<u>に違いありません</u>[4]。<u>大人になったら</u>[5]、<u>できれば</u>[6]何か外国語を覚えて、しばらく外国に住んでみるといいと思う。おばあちゃんはひどく悲しむだろうけど、<u>それほどの悲しむようなことじゃない</u>[7]。と私は思う……。うちの家族は全員が<u>切っても切れない関係だ</u>[8]けれど。

家族は一番大切なものです。家族と一緒に人生をたのしみ、問題を乗り越えてゆくべきです。

ser

ser capaz/incapaz de　〜ができる / できない

Este aparato es capaz de procesar información mucho más rápido que el antiguo.

　この装置は以前のものよりずっと速く情報を処理できます。

☞ capaz とは「能力がある」ということで、in- がつくとその逆で「能力がない」ということです。

ser goloso　おいしい話だ

Ese trabajo es muy goloso. Todos quieren hacerlo.

　その仕事は楽で儲かる。みんながそれをやりたがっている。

☞ goloso は golosinas（お菓子）から生まれた形容詞です。もともとは「お菓子好きである」という意味ですね。

ser como un imán　惹き付ける魅力がある

Leonor es como un imán. Tiene buenos amigos y compañeros.

　レオノールには人を惹き付ける魅力がある。いい友人と同僚に囲まれている。

☞ imán とは「磁石」のことです。「磁石のように人を引き付ける」という意味ですね。

manera/modo de ser　生き方、生き様

A mí no me gusta su manera de ser. No quiero vivir así.

　彼の生き方は好きじゃない。あんな風には生きたくない。

☞ ser は動詞ですが、「存在」自体を表す名詞としても使われます。

ser mayor/menor de edad　成人 / 未成年

En Japón, se tiene que ser mayor de edad para consumir alcohol.

　日本では、飲酒は成人にならないと認められない。

☞ mayor/menor はサイズだけでなく年齢にも使われ、後ろに de edad がついた場合は「成人 / 未成年」の意味になります。

ser el pan nuestro de cada día　よくあることだ

Reñir con los padres es el pan nuestro de cada día en la adolescencia.

　両親と仲が悪くなるのは思春期にはよくあることだ。

☞ 直訳では、「毎日のパン」という意味ですが、意訳すれば「日常茶飯事だ」ということでしょう。

● ser la noche y el día　対照的だ

Miguel y Rosario son hermanos, pero sus pensamientos son la noche y el día.

　ミゲルとロサリオは兄弟だが、考え方は対照的だ。

☞ 「昼と夜だ」というのが元々の意味。直訳でも意味は通じるかもしれません。

● ser pan comido　簡単だ、朝飯前だ

La aritmética es pan comido pero las matemáticas reales son otra cosa.

　算数は簡単だが、数学はまた別だ。

☞ pan comidoとは「食べられたパン」ということですが、日本語では「朝飯前」という表現にあたります。日本語では食べる前に終わっているのに対して、スペイン語では食べた後になっているところが面白いですね。日本語では朝食前のわずかな時間で終わる、スペイン語ではパン一切れを食べる短い時間で終わる、という風に短い時間を表す表現です。

El festival deportivo

Ha llegado el día. Hoy, todas las clases del colegio se ven las caras para decidir qué equipo saldrá vencedor este año.

El festival deportivo anual de los colegios en todo el mundo es un día tenso en el que todos, niños, padres y profesores, tienen los nervios a flor de piel. Este acontecimiento es como un imán[1] que atrae a todos los adultos relacionados con los niños (abuelos, tíos, ex-profesores, etc.) y los une con un objetivo común, pasarlo bien y, con suerte, vencer. Y lo mejor es que pueden participar tanto aquellos que son menores de edad[2] (los niños, claro está), como los que son mayores de edad[3], o sea, los adultos presentes.

Los padres con varios niños pasan un mal trago cuando pertenecen a equipos diferentes y tienen que competir. Cada niño, por muy hermanos que sean, son la noche y el día[4], y ver sus progresos y sus reacciones ante la victoria y la derrota son el pan nuestro de cada día[5]. Cada uno tiene su manera de ser[6], su modo de ser[7]. Hay pruebas en las que unos son capaces[8], y otras en las que no.

Lo mejor es el final. Gane quien gane y pierda quien pierda, el colegio reparte caramelos a todos los niños y con ganas de que llegue el próximo festival deportivo.

運動会

　その日が来た。今日は全校のクラスが、今年の勝者を決めるために顔を会わせる日なのだ。

　世界中の小学校の、年に一度の運動会の日は、子供も親も教師も肌がピリピリするくらい緊張する日なのだ。このイベントは魅力があり[1]子供の関係者の大人たち（祖父母、おじ・おば、元担任など）を引き寄せ、共通の目的に向かって団結させるのだ。楽しむことと、運がよければ勝つことに向かって。特に良い点は、未成年者[2]（もちろん子供たちのことだ）でもその場に来ている大人たち成人[3]でも参加できるということだ。

　子供たちが別々のチームに所属して競い合っている親たちは苦い思いをする。子供はそれぞれ、どれだけ似た兄弟であっても、対照的な面があり[4]、日々進歩をみせてくれ、また勝利や敗北に対する反応も違うものだ[5]。一人一人が各々のありよう[6,7]を持っているのだ。うまくできる[8]こともあれば、できないこともある。

　一番良いのは閉会式だ。誰が勝っても負けても、学校は全員に美味しいお菓子を配るので、早く次の運動会が来ないかなと思うようになるのだ。

ser

o sea　つまり、言い換えると

Silvia nació en Francia. O sea, habla francés.

　シルビアはフランス生まれだ。つまりフランス語が話せる。

ser pájaro de mal agüero　縁起の悪い人

Me da mala espina... —Anda, no seas pájaro de mal agüero.

　「嫌な予感がする」「やだ、縁起の悪いこといわないでよ」

☞ agüero は「運命」や「占い」という意味です。つまり不吉な運命を告げる鳥だ、という意味になります。

ser un cardo　不愛想だ

Verónica es un cardo. Siempre anda sola.

　ベロニカは不愛想な人だ。いつも一人で行動している。

☞ cardo はアザミのことですが、アザミにはトゲがたくさん付いているところから、「トゲトゲしい、無愛想な人」を意味します。

ser ＋所有詞 día　いい日だ

Hoy no es su día.

　今日は彼にとっていい日ではない。

☞ その人物にとっての「いい日」という意味になります。不思議なことにこの表現は「いい日でない」という意味で使われることがほとんどです。

ser de castigo　苦痛だ/ひどいことだ

El trabajo de hoy ha sido de castigo. Olvidé traer las gafas y tuve que escribir un montón de documentos.

　今日の仕事は大変だった。眼鏡を持ってくるのを忘れてしまったのに、大量の文書を書かなければならなかった。

☞ castigo は「罰」という意味です。罰になるくらい苦しいということですね。

no ser grano de anís　ばかにできない、重要だ

Tener un título no es grano de anís. Te cuesta, pero te da frutos a la vez.

　学位を持っておくことはばかにできない。取るのは大変だが、同時に必ず役に立つことだ。

☞ アニスの粒は非常に小さいですが、そうした小さなことでないという意味。

El alcalde de mi pueblo

El alcalde de mi pueblo es un pájaro de mal agüero[1]. Siempre que dice que algo malo va a pasar, pasa, y todos los habitantes sufrimos las consecuencias. O sea[2], que me da que nos equivocamos eligiendo a nuestro representante público. Vale, vale, sé que muchos días no son su día[3], sé que tampoco es un cardo[4], lo queremos todos mucho. Pero incluso así, no es un grano de anís[5]. Parece que sea de castigo[6] que le hayamos elegido y ahora estemos todos con el agua al cuello. Conclusión: que pase la legislatura pronto para poner a alguien con más suerte en el cargo. Es lo único que se me ocurre.

私の町の町長さん

私の町の町長さんはまるで悪運を呼ぶ人みたいです[1]。何か悪いことが起きるといえば必ず起きるし、みんながそれで悩んでいます。つまりは[2]、間違った人を代表に選んでしまったのではないかと思います。はいはい。確かに毎日いい日ばかりじゃない[3]ですよね。不愛想[4]でもないし、みんなが彼を好いている。それでも事は重大です[5]。彼を選んでしまったのはひどいことだった[6]と思うし、みんなが苦しくてあっぷあっぷしています。早く彼の任期が終わって、もっと運の良い人を選べますように。今はこれしか考えつきません。

caer

caer a +人 bien/mal　良い・悪い印象を与える

Me cae bien la familia que vive al lado de mi casa.
　隣に住んでいる家族は感じが良くて好きだ。

☞ caer は「印象を与える」という意味でも良く使われます。

caer a +人+形容詞 / 副詞　～という印象を与える

El compañero de mi hermana me cae antipático.
　私の姉の同僚は感じの悪い人だ。

caer gordo a +人　気に入らない

El secretario del ayuntamiento que vi ayer me cayó gordo.
　昨日会った役所の秘書は気に入らなかった。

caer enfermo　病気になる

Esta mañana mi abuela ha caído enferma.
　今朝、祖母が病気になってしまった。

caer en cama　病気になる

Hay gripe en la guardería y mis hijos han caído en cama.
　保育園でインフルエンザが流行り、息子たちも寝込んでいる。

ahora caigo　ようやくわかった

—Últimamente no me llevo muy bien con Beatriz. —Ahora caigo. Por eso ella estaba sola en una cafetería ayer.
　「最近ベアトリスとうまくいってないんだ」「それでわかった。だから彼女はこの間一人でカフェにいたんだな」

☞ 日本語の「腑に落ちる」という表現に近いです。

caer en la trampa　罠に引っかかる

El detective cayó en la trampa del ratero y no pudo detenerlo.
　警察は泥棒の罠に引っかかって、泥棒を逮捕できなかった。

caer en la red　罠に落ちる

Montalbán cayó en la red de su ex esposa y perdió todos sus bienes.
　モンタルバンは別れた妻の罠にはまりすべての財産を失った。

☞ もともとは「網に落ちる」という意味。

caer en la cuenta de　気がつく
No caí en la cuenta de quién era ella.
　彼女が誰なのか一向に思い当たらなかった。

caer(se) redondo/a plomo　ばったり倒れる
Mi hermano se cayó redondo después de trabajar 12 horas seguidas.
　私の兄は 12 時間連続で働いた直後にばったりと倒れた。

caer de ＋体の場所　〜から倒れる
Mariana se desmayó y cayó de espaldas al oír la noticia.
　そのニュースを聞いたマリアナは気絶してあおむけに倒れた。

caer al vacío　無駄になる
Sus esfuerzos por ella cayeron al vacío. Ya estaba con otro.
　彼は彼女とつきあおうと努力したが無駄だった。もう他に彼氏がいた。
☞ vacío はこの場合は「無」という意味で捉えると分かりやすいでしょう。

caer del nido　人のいうことを鵜呑みにする
No me mientas. No me he caído del nido ahora, ¿eh?
　嘘をつくな。俺は人のいうことを鵜呑みにはしないぞ！
☞ nido は「巣」のこと。巣から落ちたヒナのように無防備であるという意味。

caer de las nubes　夢から覚める、我に返る
Después de muchos años de esfuerzos vanos en la capital, Eduardo se cayó de las nubes y volvió a su pueblo natal.
　首都で何年も無駄な努力をした後、エドゥアルドは現実を見つめなおし、故郷へ帰った。
☞ nube は「雲」。空にぷかぷか浮いているような状態から戻るということ。

caer en desgracia　信頼を失う / 不調になる
La selección cayó en desgracia tras perder tres partidos seguidos.
　代表チームは三連敗してスランプになった。
☞ desgracia は「不運」や「逆境」という意味です。

Soñé que era pájaro

Recuerdo que, cuando tenía 9 años, caí en cama[1] durante varios días. Caí muy enfermo[2] y ni el médico sabía qué tenía. Fue entonces cuando tuve un profundo y plácido sueño que marcaría mi vida.

Yo era un pájaro. Vivía en armonía con otros muchos pájaros y, aparentemente todos nos caíamos bien[3], funcionábamos como grupo. Pero a mí me caía gordo[4] Kutri, el hijo de nuestro líder. El deseo era mutuo. A él tampoco le caía yo nada bien. Siempre me chinchaba.

Había llegado el momento de aprender a volar. Me avisaban de que, pasara lo que pasara, no cayera en las redes[5] de los cazadores. Ellos suelen colocar señuelos en los campos para que vayamos hacia ellos y ¡ZAS!... Ese sería el principio del fin, pues caeríamos en desgracia[6] y posiblemente acabaría en la mesa de la cena de algún humano. Yo ya sabía todo lo necesario para no caer en la trampa[7].

Tras un tiempo cogí confianza volando. Sentía que el mundo era mío. Pero no lo era tanto como pensaba. Pronto caí en desgracia[8]. En un vuelo largo que me empeñé en hacer solo, me acerqué a una granja por curiosidad. Caí en la red[9] de unos niños y me metieron en una jaula. No sabía qué hacer al principio, pero caí en la cuenta de[10] que en la bandada teníamos un silbido de alerta ante el cual, cualquiera tenía el deber de acudir a esa llamada.

Tras estar un buen rato piando la melodía, apareció nada más y nada menos que Kutri, que con gusto me ayudó a escapar de la jaula en un descuido de los niños cuando se preparaban a abrirme en canal. Aunque parezca raro, fue entonces cuando comprendí que para cooperar no había que ser amigos del alma, simplemente cumplir un cometido sin dejar que los sentimientos personales interfieran.

Eso me ha servido siempre, tanto en mi vida de estudiante como en mi vida profesional. Ahora, una de las ideas más importantes en mi vida es: La unión hace la fuerza. Y todo gracias a que caí enfermo[11]. Qué curioso...

鳥になった夢

　九歳の頃に数日間病に伏した[1]ことを覚えている。ひどい病気だった[2]のだが、医者にも何の病気なのかわからなかった。そのときに人生を変えるような深く穏やかな夢を見た。

　私は鳥だった。他の多くの鳥たちと共存していて、みんな互いにうまくやっていて[3]、集団として成り立っていた。しかしリーダーの息子のクトリは気に入らなかった[4]。その考えはお互い様だった。私も彼にとっては全くいい奴ではなかった。いつも私に嫌がらせをしてきた。

　飛び方を覚えるときがやってきた。何があっても猟師の罠にかかって[5]はならないといわれた。彼らは野原におとりを仕掛けて、私たちがそれに向かってゆくと、ズバッとなって……それが終わりの始まりだ。そうなれば私たちは落ちぶれて[6]、おそらく人類の夕食のテーブルで生を終えるだろう。私はもう罠に落ち[7]ないために必要なことすべてを知っていた。

　しばらくしたら飛ぶことに自信がついた。世界をわがものにしたかのように思えた。しかし考えていたようなことにはならなかった。すぐにみじめな状態になって[8]しまった。一人で長距離を飛んだ時に、好奇心で農場に近づいてみた。そうしたら子供の罠に引っかかり[9]、かごに入れられてしまった。最初はどうしたらいいかわからなかったが、自分の群れには、それを聞いたら必ず駆けつけなければいけない警報の鳴き声があることに思い至った[10]。

　長い間さえずっていると、他ならぬクトリがやってきた。そして子供たちが私を解体しようと準備をして油断をしているときに、かごから逃げ出すのを喜んで手伝ってくれた。おかしいとも思えるかもしれないが、その時理解したのは、協力するには別に心の友でなくてもいいということ、個人的な感情に流されることなく、やるべきことをなせばいいだけだということだ。

　病気が治った後、この考えはいつも役立った。学生のときも仕事をしているときも。いま私の人生で一番大事な考えの一つは、団結が力をうむ、ということだ。これもみんな自分が病気になった[11]から分かったことだ。興味深いことだ。

pasar

pasar de ＋人 / 物　パスする、無関心だ

Yo ya paso de política. Todos los partidos dicen lo mismo.

私はもう政治に無関心だ。あらゆる政党が同じことを言っている。

☞ この pasar の用法から pasota という言葉が生まれました。親からすると若者がよくこういうことをします。この表現を聞くと、何事も無視する、どうでもいいと思ってしまったり、親や先生のいうことを聞かなかったりなどという人物像が見えます。

pasar a ＋不定詞　～をやめて…をし始める

Después de trabajar en una editorial, pasé a hacer de programadora en un banco.

出版社で働いてから、銀行でエンジニアとして働くことになった。

☞「ある動作から別の動作に移行する」というイメージです。

pasarlas negras　苦労する

Todos los estudiantes extranjeros las pasan negras las primeras semanas.

留学生はみんな最初の数週間はかなり苦労する。

☞ 類似した表現として、pasarlas de todos los colores や pasarlas canutas があります。

pasarlo bien　楽しむ

En esta vida estamos para pasarlo bien, pero también para trabajar duro y ganarnos esos momentos de diversión.

人生では楽しむべきだが、その楽しみの時を実現するために勤勉に働くことも必要です。

☞ ラテンアメリカのほとんどの国では、pasarla bien が使われます。

pasar las de Caín　苦労する

Estoy harto de pasar las de Caín en la oficina. ¡Lo dejo!

会社で苦労するのはもうごめんだ！　やめる！

☞ カインは聖書の登場人物。アダムとイブの長男で、弟のアベルに嫉妬を抱いて殺し、神様に厳しく咎められて、非常に窮屈な思いをしました。

pasar la noche en vela　一睡もしない

Estaba tan nervioso por el examen, que pasé la noche en vela.

　試験であまりにも緊張して、一睡もできなかった。

pasarse con ＋人　からかう、相手に無茶を言う

¡Isídoro, te has pasado con Marta! Está llorando a moco partido. ¿Qué le has dicho?

　イシドロ、マルタにひどいことをしたな！　わんわん泣いてるぞ。何をいいやがった？

El jefe se pasa con los nuevos. Les hace trabajar de sol a sol.

　上司は新入社員に厳しすぎる。朝から晩まで働かせる。

> ☞ pasarse の意味合いは「やりすぎる」です。pasarse trabajando（働きすぎる）や pasarse hablando（しゃべりすぎる）もよく聞きます。

Los jóvenes

Los estudiantes de bachillerato pasan de[1] todo. Pasan de sus padres, pasan de sus profesores, pasan de hacer los deberes, etc. Pero siempre exigen mucho. Que si dinero, que si derechos, etc. Su falta de experiencia les lleva a pensar que ellos son los únicos que las están pasando negras[2], y nadie ha pasado las de Caín[3] como ellos. No se dan cuenta que todos, quien más quien menos, ha pasado por lo mismo. Y solo quieren pasarlo bien[4] sin pensar en las consecuencias. Se pasan con[5] todos haciendo de su capa un sayo. Los padres, pasando noches en vela[6] preocupados por sus hijos. Pero afortunadamente, es solo una etapa de la vida que dura unos poco años. Y al final, todos los jóvenes pasan a[7] ser personas hechas y derechas que algún día contribuirán a la sociedad. Todas las vidas pasan por los mismos ciclos, por eso siempre es útil escuchar el consejo de los mayores. ¿Como será posible conseguir que lo hagan?

若者たち

　高校生たちは何でも無視する¹。親を無視するし、先生を無視するし、宿題をすることも無視する。しかし要求だけは大きい。やれ金だ、やれ権利だと。経験が足りないことで、彼らは自分たちだけがひどい目に遭って²いて、誰も彼らのような苦労をした³ことがないと考えている。誰もが多かれ少なかれ同じ道を通ってきたことに気がつかないのだ。そして結果を考えずに楽しい⁴ことだけをやりたがる。度を超して⁵好き放題にやるのだ。親たちは子供たちが心配で夜も眠れない⁶。しかし幸運なことに、それは人生のわずか数年に限られたことだ。結局若者たちも立派に成長し、いつかは社会に貢献するようになる⁷のだ。どんな人でも似たような過程を経るのだから、年長者のいうことに耳を傾けるのは大事なことだ。でもどうやったらそんなことをさせられるのだろう？

pasar

● pasar por el aro　条件をいやでも受け入れる / 狭き門を通る

O pasas por el aro, o es imposible trabajar con ellos.
　条件を受け入れないと、彼らとは取引できないよ。

Tengo que hacer cinco exámenes diferentes para pasar por el aro.
　五つの試験を受けないと、この狭き門は通れないよ。

☞ 何かを成し遂げるために、上の人の基準を満たす必要があるので、その人たちが決めた項目を満たした上でその何かを実現できることです。これはあらゆる場面で使えます。面接をする時によく聞く表現。

● pasar ＋物　密輸する

Las mafias colombianas pasan droga a EEUU usando "mulas", que son mujeres que llevan bolsitas de droga en su estómago.
　コロンビアのマフィアは麻薬の包みを胃の中に入れて運ぶ女性の mulas「ラバ」を利用して、麻薬を米国に密輸する。

☞ 日常会話で頻繁に使われる表現の一つ。

● pasar a máquina/ordenador/limpio　タイプする、清書する

¡Por fin he terminado la redacción! Ahora, solo queda pasarla a máquina.
　やっと作文が終わった！　あとは清書するだけ。

☞ A の状態にあったものを B の状態にする意味合いで、pasar（うつす）を使います。この用法に限らず、言語間でもよいです：Tengo que pasar a japonés mis ideas para enseñárselas al profesor.（先生に言うために考えを日本語にする）。

● pasar por tonto　バカのふりをする

Hazte pasar por tonto, y a lo mejor te dejan pasar.
　バカのふりをすれば、たぶん通してくれるよ。

☞ もちろん tonto だけでなく、他の状態も使えます：pasar por listo（賢いふりをする）、pasar por tímido（シャイなふりをする）など。自分がその状態だと見せかける時、hacerse pasar por ＋状態の表現が使えます。例：hacerse pasar por tonto, hacerse pasar por listo

● pasarse por la piedra　無視する

Los chicos de 16 a 18 años se suelen pasar por la piedra los consejos de padres y profesores. Es la época de rebeldía.

　16歳から18歳ぐらいまでの若者はだいたい親や先生の忠告を無視する。反抗期だ。

● pasar por alto　大目に見る

Te voy a pasar por alto esta infracción, pero la próxima, tendrás que pagar por tus actos.

　今回の違反は大目に見るが、次回は償わなければならない。

　☞ スペイン語では「大目に見る」のではなく、「高めに見る」ですね。

● pasar de largo　通り過ぎる

Un Ferrari acaba de pasar de largo. ¡Qué envidia!

　フェラーリの車が通り過ぎたところだ。うらやましい！

PYMES

En las empresas pequeñas, nadie puede hacerse pasar por tonto[1]. Todos tienen que hacer su trabajo y ayudar a la gente de alrededor. También hay que hacer trabajos tediosos, como pasar documentos a máquina[2] todos los días. Es una constante lucha por pasar por el aro[3] de alguien, de los clientes, del jefe, de las circunstancias de la economía, etc. La economía se pasa por la piedra[4] el bienestar de las familias, no pasa por alto[5] a nada ni a nadie por su dada situación en el momento. Lo único que se puede hacer es... hacerlo lo mejor posible y aguardar hasta que esos malos momentos pasen de largo[6]. Todo es más difícil de lo que parece.

中小企業

　小さい企業では、誰も<u>バカのふりをして</u>[1]いることはできない。全員が自分の仕事をして、周りの人間の手助けもしなくてはならない。それに<u>書類をコンピューターに打ち込む</u>[2]ような退屈な仕事も毎日しなくてはならない。日々試練の連続で、お客や上司や経済状況の突きつけてくる<u>条件を嫌でも飲まずにはいられない</u>[3]。経済は家族の生活環境等は<u>無視して</u>[4]、その時のいかなる状況も<u>大目に見て</u>[5]はくれない。唯一できることといえば、できるだけうまくやることと、苦しいときが<u>通り過ぎる</u>[6]まで待っていることだ。どんなことでも、思っているよりずっと難しいのだ。

---

* PYME：中小企業。pequeña y mediana empresa

llevar

llevarse bien con 〜とうまくやる
No me llevo muy bien con mis hermanos últimamente.
最近兄弟とあまりうまくいっていない。

llevar a cabo 実行する
Preparaos mucho antes de llevar a cabo ese plan.
その計画を実行する前によく準備しておきなさい。

☞ cabo は「端」という意味。つまり「最終地点まで持ってゆく」という意味。

para llevar 持ち帰り、テイクアウト
Compré unos bocatas para llevar en el bar de siempre.
いつものバルで持ち帰り用にサンドウィッチを買った。

llevar un as en la manga 切り札を隠し持つ
Me da la sensación de que él siempre lleva un as en la manga.
彼はいつも切り札を隠しているように感じる。

☞ as はいわゆる「エース」のこと。それを（イカサマで）そでに隠し持つところから来た表現。

llevar la cabeza muy alta 堂々とふるまう
No te preocupes demasiado. Lleva la cabeza muy alta. Estas cosas ocurren.
あまり心配するなよ。堂々としてればいいんだ。こんなのは良くあることさ。

llevar los pantalones 亭主関白 / かかあ天下である
Elena es la que lleva los pantalones en su casa. Su marido no tiene ni voz ni voto.
エレナは家ではかかあ天下で通している。夫は発言権がない。

llevar camino de +不定詞 〜になりそうだ
El gobierno lleva camino de perder una buena parte del fondo de la seguridad social porque lo invirtió en el mercado de futuros.
政府は社会保障の資金のかなりの部分を失うことになりそうだ。という

のも先物取引市場に投資してしまったからだ。

☞ この場合の llevar は「続ける」という意味で捉えると分かりやすいでしょう。

llevar la carga de　〜の責任をはたす

La Sra. Domingo lleva la carga del control de calidad en la fábrica.
　ドミンゴさんは工場で品質管理の責任を負っている。

dejarse llevar por la corriente　流れに飲まれる、周りに流される

No compres ese chisme. No te dejes llevar por la corriente.
　そんなのを買うなよ。まわりの雰囲気に流されちゃだめだ。

llevar leña al monte　無駄なことをする

Mi jefe siempre lleva leña al monte. Por eso hacemos muchas horas extras por nada. ¿Por qué no lo despiden?
　上司はいつも無駄なことをする。だから私たちは無駄に残業続きだ。なんで彼は首にならないんだ。

☞ もともとは「薪を山に運ぶ」という意味。

llevar el agua a su molino　我田引水

No me gusta hablar con ella. Siempre lleva el agua a su molino.
　彼女とは話したくない。いつも自分勝手に話をしている。

☞ 日本語では「田んぼに水を引く」ですが、スペイン語では「自分の水車に水を引く」。

llevarse un alegrón　大喜びする

Reinaldo se llevó un alegrón cuando vio a su novia después de 10 meses de trabajo en el extranjero.
　レイナルドは、10か月の海外赴任の後に彼女に会って大喜びした。

Relaciones familiares

Llevarse bien con[1] los familiares es importante, pero llevarlo a cabo[2] es difícil. ¿Tú crees que eso no es nada difícil? Pues eres afortunado de no tener familiares problemáticos. En el mundo hay personas que llevan los pantalones[3] sin llevar la carga de[4] sus actos. Por eso a veces es mucho más sano estar solo que mal acompañado sin dejarse llevar por la corriente[5] o por las opiniones de los demás. Ese tipo de personas siempre lleva el agua a su molino[6] y se lleva un alegrón[7] dejando resultados terribles a su alrededor. En ese caso necesitas llevar la cabeza muy alta[8] para que no te tomen el pelo.

親類関係

　親類とうまくやっていく[1]のは大事だがそれを実行する[2]のは難しい。君は全然難しいと思わない？ それなら君は問題のある親類がいない恵まれた人なんだ。世の中にはひどく亭主関白[3]の人のくせに自分の行為に責任を負おう[4]としない人もいる。だから周りに流されて[5]悪い人に囲まれるよりは人の意見に流されず一人でいるほうがずっと健康的なこともある。そういった人たちはだいたい自分勝手なことをして[6]周りにひどい結果をもたらしてよろこんでいる[7]。そういった場合は頭を上げて堂々とふるまって[8]、バカにされないようにしなければならない。

* 日本では核家族化が進んで親子と祖父母程度のつきあいしか無いことも多いですが、スペイン語圏ではおじ・おば・いとこ等も日ごろから親しくしています。

saltar

saltarse +物 （間や余分な何かを）飛ばす、無視する

La gente suele saltarse el índice de los libros.
　本の目次を飛ばす人が多い。

saltar con una tontería/chorrada　おかしなことをいきなり言う、言い出す

No me vuelvas a saltar con una chorrada.
　いきなりどうでもいいことを言ってくるのはやめろ！
　☞ ジャンプする時は急に動きが激しくなるのと同じように、急なリアクションを描く表現としても使います。

saltar por los aires +物　失敗する

La noticia del escándalo hizo saltar por los aires la boda entre el cantante y la actriz de moda.
　スキャンダルのニュースは男性歌手と女優の結婚破談の原因となった。

La operación empresarial saltó por los aires por culpa de los inversores.
　投資家のせいで、企業プランがご破算になった。
　☞「どこかへ飛ばしてしまう」というイメージ。

saltar a la vista　一目瞭然である

Salta a la vista que hacen muy buena pareja.
　カップルだと一目瞭然。

Tu ropa salta a la vista, así no puedes perderte.
　君の服は目立つから、絶対見失いようがない。
　☞ 視界に飛び込んでくるかのように明らかになるので、saltar を使います。見たくなくても、目に入ってきます。

saltársele a +人 las lágrimas　泣ける

Al oír la noticia, se me saltaron las lágrimas.
　そのニュースを聞いたら、泣けてしまった。

saltársele a +人 los puntos　縫い目がほどける

Julián hizo más esfuerzo del debido, se le saltaron los puntos de la herida y lo tuvimos que llevar al hospital de urgencia.

フリアンは必要以上に努力して、糸が取れてしまい、私たちは彼を至急病院に連れて行った。

☞ saltársele は起きるはずのない結果が起きた時に使います。上記の例でいうと：計画的に泣こうとしてわけではないが、何かを見て、聞いて、涙がポロリと。気を付けて、動きを制限したのに、急に糸が取れてしまった。

saltar en paracaídas　パラシュートで飛び降りる

Los soldados del ejército han de saltar en paracaídas para graduarse.

卒業には兵士はパラシュートで飛び降りなければなりません。

☞ saltar con paracaídas もあります。

saltarse un semáforo　信号を無視する

Saltarse los semáforos es la mejor forma de tener un accidente.

事故にあう最高の方法は信号を無視することです。

saltar una alarma　アラーム・警報が鳴る / 怪しく思う

La alarma saltó al detectar la entrada de los ladrones.

アラームは泥棒侵入認識後、作動しました。

Al conocerle, no sé por qué, pero se me saltaron varias alarmas.

理由は分からないが、知り合った時、警戒した方がいいというアラームがいくつか鳴った。

☞ この場合 alarma が主語。自分の中で、何かに対して警戒した方がいいと感じた時にも使います。Me da mala espina.（嫌な予感がする）が近いかもしれません。

saltarse un empaste　つめものが取れる

A Rubén se le saltó el empaste al pegarle un bocado al hueso del filete que estaba comiendo.

ルベンが食べていたステーキの骨にかぶりついた時、つめものが取れた。

Un mal día

Un mal día salta a la vista[1]. Salta a la vista desde que las cosas empiezan a salir mal. Eso que llaman, levantarse con el pie izquierdo. Para qué nos vamos a engañar, esos días son un rollo, pero cuando están aquí, vienen para quedarse un día entero. El jueves pasado, la alarma saltó[2] a las siete de la mañana y Raúl, sin pensar, saltó de la cama con el pie izquierdo. Ese fue el desencadenante de todo. Para empezar, se le saltaron los puntos[3] de la herida que tenía en ese pie, del dolor, se le saltaron las lágrimas[4]. Bueno, ese fue solo el comienzo, desayunó y salió de casa para ir a la oficina en coche. Sin querer, se saltó un semáforo[5] y multa al canto. Más tarde, durante el almuerzo, se le saltó un empaste[6] al pegarle un bocado al hueso de su filete. Para más inri, sus compañeros no comprendían la gravedad del asunto y saltaron con tonterías[7] y empezaron a burlarse de él. El colofón del día fue cuando llegó a casa, que se dio cuenta de que estaba invitado a la primera comunión de su sobrino pero se le había olvidado absoluta y completamente. Todo saltó por los aires[8] en ese momento. No sabía cómo pedirle perdón a su hermano y a su familia...

Desgraciadamente, nadie puede saltarse un mal día. Hay que afrontarlo con espíritu guerrero. Venga lo que venga. Solo se puede... desear suerte.

ついてない日

　ついてない日は明らかにわかる[1]。物事がうまくいかなくなりはじめからわかる。例えば、朝左足から起きてしまうとか。自分自身をだますこともない。そういう日はろくなことがない。でもその時が来てしまったら、大体一日中同じだ。この間の木曜日、朝の七時にめざましがなり[2]、ラウルはベッドから飛び出して何も考えずに最初に左足をついた。それがすべての始まりだった。まず最初に、その足にあった傷口の縫い目がはじけて[3]、痛みで涙がにじんだ[4]。それはでも始まりに過ぎなかった。朝食を食べてから会社に行くために車で出かけた。うっかり信号無視をして[5]、罰金を痛いくらい取られてしまった。そのあと、昼食にステーキを食べたときに骨を噛んでしまって歯のつめものが取れて[6]しまった。おまけに同僚は事の重大さを理解しないでいきなりバカ話を始め[7]、彼のことをからかい始めた。一日のフィナーレは家に帰った時だった。姪の初洗礼式に呼ばれていたのにすっかり忘れていたことに気づいたのだ。その時すべてが台無しになった[8]。どうやって自分の兄とその家族に謝ったらいいかわからなかった。

　残念なことに、ついてない日が来ない人はいない。もののふの心で立ち向かわなければならない。どんな事態が到来しても、できるのは祈るだけなのだから。

---

* 朝ベッドから起きて最初についたのが右足ならよい日、左足なら悪い日というジンクスがあります。

tirar

tirar la toalla　あきらめる

Rika quería entrar en la Universidad de Keio, y al final tiró la toalla.
理香は慶応大学に入ろうとして、とうとうあきらめた。

☞ ボクシングで「タオルを投げる」が「棄権する」を意味するところからきています。

tirar la casa por la ventana　奮発する / 贅沢する

Las familias tiran la casa por la ventana para la cena de Nochebuena.
ほとんどの家族はクリスマスイヴの晩餐に奮発する。

Casarse en un hotel de lujo es tirar la casa por la ventana.
高級ホテルで結婚式を挙げるのは贅沢です。

tirar de la manta　密告する

El testigo prometió tirar de la manta si le daban inmunidad.
証人は罪を免除してもらえれば、他人を密告することを約束した。

☞ 直訳では、「毛布をひっぱる」を意味します。ベッドの上にある毛布をひっぱると、下のものが見えてくるので、「密告する」という意味になりました。

tirar por la borda　無駄にする

Tiró por la borda su carrera al enemistarse con su jefe.
彼は上司と不仲になって、会社での出世の計画を無駄にした。

Tirar por la borda todo por tu pareja es una decisión muy difícil.
恋人のために何事も投げ捨てるのは難題の決意です。

☞ 船のデッキからものを海に投げ込むと、取り戻せないことに由来。

tirar de la lengua　口を割らせる、しゃべらせる

Vamos a tirarle de la lengua. Seguro que sabe algo sobre el incidente.
やつの口を割らせよう。事件について絶対何かを知っている。

☞「話さない人をしゃべらせる」意味もあります。

tirarse de los pelos　髪の毛をかきむしる、イライラする、混乱する

Mi padre no deja de tirarse de los pelos desde que supo que mi hermano había suspendido matemáticas.
私の兄弟が数学の単位を落として以来、父はずっとイライラしている。

Tomás se tiró de los pelos al ver qué equipo ganó el partido.
試合に勝ったチームを見たとき、トマスは頭をかきむしった。

tirar la primera piedra　先に行動を起こす

Dicen que para ganar un juicio lo mejor es tirar la primera piedra.
裁判に勝つベストの方法は自分から訴えることだそうです。

☞ 他にも piedra を使った表現があります。tirar la piedra y esconder la mano（石を投げて手を隠す＝何かをしてばれないように隠れる）、tirar piedras en su propio tejado（自分の屋根に石を投げる＝顔に泥を塗られる）。

tirar los tejos/trastos　口説く

Le quiero tirar los trastos a todas las actrices de mi serie preferida.
好きなテレビドラマの全女優を口説きたい。

Ojalá alguien me tirara los tejos... Así todo sería más fácil.
誰かに口説かれればいいな……。そうすれば、物事はもっと簡単なのに。

☞ 略して、tirarle も使います。

tirarse los trastos　いがみ合う

Papá y mamá están siempre tirándose los trastos. Espero que se tranquilicen y lo arreglen todo.
パパとママはいつも喧嘩をしている。落ち着いて、仲良くなればいいな。

☞ -se は再帰代名詞で、お互いに何かをする意味を表します。

tirarse el moco　うぬぼれる

Anda y deja de tirarte el moco, que todos te conocemos.
うぬぼれるのをやめろよ、みんな君のことをよく知っているよ。

tirar de ＋支払い手段　〜で支払う

Siempre tiro de tarjeta cuando viajo al extranjero.
私は海外旅行の時、いつもカードで支払いをする。

tirarse ＋現在分詞　〜に打ち込む

Para aprender un idioma hay que tirarse estudiando años.
外国語を覚えるには何年も勉強する必要がある。

El aprendizaje de idioma

Aprender un idioma es una tarea ardua. Hay que tirarse estudiando[1] años para conseguir leer, hablar y escribir bien. No es una cuestión de tirar la casa por la ventana[2] o gastarse dinero a troche y moche en clases, libros, etc., incluso tirando de tarjeta de ahorros. Lo que importa es el esfuerzo personal y, por supuesto, no tirar la toalla[3] hasta llegar a un buen nivel. No hay nada más frustrante y triste que tirar por la borda[4] los esfuerzos realizados. En ocasiones, a uno le entran ganas de tirarse de los pelos[5] cuando no se entiende algo, o al cometer errores. Pero los errores son normales, tanto hablando como escribiendo. Lo importante es intentar expresarse como uno pueda sin que el profesor nos tenga que tirar de la lengua[6] y conseguir que te entiendan. La corrección se consigue con mucha experiencia y equivocándonos mucho. Muchísimo.

Tirarse el moco[7] presumiendo de lo bien que se habla un idioma es humano. Que tire la primera piedra quien no se haya tirado el moco alguna vez. Tampoco es importante tirarse los trastos[8] con otros estudiantes discutiendo quién sabe mas. Lo vital es la comunicación. La habilidad para hacerse entender y para realizar tareas usando ese idioma. Por eso, dicen, que cualquier inmigrante que llega a EEUU, aprende muy rápido, pues es el requisito mínimo para trabajar en cualquier sitio. Aunque solo sea un conocimiento limitado.

Además, entre las muchas recompensas que tiene adquirir un nuevo idioma es poder buscar el amor tirándole los trastos[9] a alguien que solo conoce ese idioma. Eso ayuda a aprender mucho también, pero ya no solo lingüísticamente hablando, sino también culturalmente.

言語の習得

　言語を覚えるのは困難な作業だ。ちゃんと読んだり話したり書いたりできるようになるまで何年も続けて勉強に打ち込ま¹なくてはならない。授業や本に奮発して²お金をつぎ込まなくてはならないし、ときには貯金もなくなってしまう。大事なのは個人レベルでの努力と、ある程度のレベルになるまであきらめ³ないことだというのは言うまでもない。せっかくしてきた努力を途中で投げ捨ててしまう⁴ほど悲しく欲求不満になることもない。ときどき、全然わからなかったり、間違いをしたりして頭を掻きむしり⁵たくなることもある。しかし間違いは当たり前のことだ、話していても書いていても。大事なのは自分でできる限り表現することで、先生が口出しをして⁶きて君の頭に無理やり詰め込むことではない。間違いを正すには経験が必要で、それには何度も間違える必要がある。何度もだ。

　外国語がうまいふりをしてうぬぼれる⁷のもいいだろう。うぬぼれたことがない人だけ石を投げなさい。他の学生と、どっちがより知識があるかと意地の張り合いをする⁸のも重要なことではない。一番大事なのはコミュニケーションだ。相手に理解させる能力と、その言語を使って用事をこなす能力が大事だ。そのため、アメリカ合衆国にやってくる移民はみんなすごい速度で言語を覚えるといわれている。というのもそれはどこでも仕事をしようと思ったら最低限の要件だからだ。限られた知識であっても。

　その上、新しい言語を覚えて得をすることのうちの一つが、その言語しか知らない人を口説いて⁹恋ができるかもしれないことだ。それは学ぶことにも役に立つ、それは言語学的にだけでなく文化的にも。

traer

● traer cola　重大な結果をもたらす

La repentina muerte del presidente ha traído cola y se ha parado la reforma económica.

　首相の突然の死は重大な結果をもたらし、経済再建計画は中断した。

　☞ cola は尻尾のこと。つまり出来事の本体について回るのが結果ということ。

● traer cuenta　都合のよい結果になる

La reforma de la sección de producción trajo cuenta y se pagó la extra a todos los empleados.

　生産部門の再編はうまくいき、従業員全員にボーナスが支払われた。

● traer consigo　結果をもたらす

El esfuerzo en la juventud trae consigo el éxito en el futuro.

　若いころの努力は未来での成功をもたらす。

　☞ consigo は「それ自体とともに」という表現で、忘れやすいので覚えましょう。

● traído y llevado　使い古された

No me digas tonterías. Eso es un cuento traído y llevado, ¿eh?

　バカなことをいうなよ。そんなのは使い古されたデタラメじゃないか。

　☞ もともとは「あちこちに持って行かれた」というような意味。

● traído por el cabello　こじつけの

La tesis del Sr. Okubo era una teoría traída por el cabello.

　大久保さんの論文はこじつけの理論だった。

　☞ もともとは「髪の毛をつかんで引きずってきた」という意味。

● traer buena/mala suerte　幸運・悪運を呼ぶ

En España, dicen que pisar una caca trae buena suerte.

　スペインでは、うんちを踏むとウンがつくと言われている。

● por la cuenta que me/te/le trae　そうでないと困る

¿Crees que él llega a tiempo? —¡Por la cuenta que le trae!

　彼は時間通りに到着すると思う？　——そうでないと彼自身が困るね。

Cuentos

En muchos países se cree que el gato negro trae mala suerte[1]. Creo que eso son cuentos traídos y llevados[2]. ¿Por qué se asocia los gatos negros con la mala suerte? ¿Es que la oscuridad es negra o qué? Yo que adoro los gatos negros me opongo a esa "teoría" traída por el cabello[3]. Los seres humanos de nuestra era estamos liberados de supersticiones. Centrarnos en lo que nos gusta traerá consigo[4] la buena suerte.

インチキな話

多くの国では黒猫は悪運を運んでくる[1]と信じられている。しかしそれは使い古された[2]ばかばかしい話だと私は思う。なぜ黒猫は悪運と結び付けられるのだろうか。暗闇が黒だからとでもいうのだろうか？ 黒猫好きの私としてはそんなこじつけの[3]「理論」には反対だ。現代の人類はもうそういった迷信から解放されている。私達は自分たちが好きなことに集中していれば、そのことが幸運を運んでくる[4]のだと思う。

echar

echar a los lobos　危険にさらす

A menudo se echa a alguien a los lobos cuando ocurre algo malo.

悪いことが起きた時、よく誰かに責任を取らせる。

echarse a +不定詞 / 物　〜し始めてそればかりする

María se echó al helado cuando lo dejó con Jason.

マリアはジェーソンと別れてから、アイスばっかり食べ始めた。

echar de menos　〜がないことをさみしく思う

En el extranjero, echo mucho de menos a mis padres y mis amigos.

海外にいると、両親や友達がいないことをとてもさみしく思う。

☞ echar en falta も言えます。

echar humo/chispas　イライラする

Estoy que echo humo tras leer el periódico. Este mundo no tiene arreglo.

新聞を読んで、かなりいらだっている。世界は処置なしだ！

☞ 頭からけむりや電気を放つイメージから生まれた表現です。

echar en cara　嫌味を言う

¡No me eches en cara tus fracasos! ¡Tus fracasos son cosa tuya!

君の失敗に対する嫌味を私に言うな！　君の失敗は君の責任なんだ！

☞ 直訳は、「何か起きたことを顔にぶつける」。

echar abajo　つぶす

El lobo echó abajo la puerta de los cerditos e intentó comérselos.

狼は子豚たちの家のドアをぶっ潰して、子豚たちを食べようとした。

☞ 直訳では「下に落とす」になるので、イメージとしては何かがあったところをゼロに戻したり、なくしたりするとなります。建物だと「壊す」、ドアだと暴力で「開ける」、アイディアや企画だと「つぶす」などになります。

echar(se) flores　ほめる（うぬぼれる）

Anda y deja de echarte flores. Todos sabemos que este proyecto ha salido bien gracias al esfuerzo de todos.

うぬぼれるのはやめてちょうだい。このプロジェクトがうまくいったのは全員の努力のおかげだとみんな知ってるわよ。

☞ 昔、闘牛などのイベントで活躍した人に花を投げた習慣から、この表現が生まれたという説があります。再帰動詞は「うぬぼれる」、他動詞は「ほめる」となります。

echar una bronca　叱責する

Mis padres me echaron una bronca de aquí te espero al ver mi boletín de notas.

両親は成績表を見た時、私を激しく叱責した。

echar raíces　根付く、住み着く

Muchos europeos inmigraron a América y echaron raíces allí en el siglo XIX.

19世紀にたくさんのヨーロッパ人がアメリカへ移民して、住み着いた。

☞ 根付いていると、その場所から離れないところから生まれた表現。

echar la culpa　罪を着せる

Echar la culpa es una forma de no admitir los fallos propios.

罪を着せるのは自分の過ちを認めない方法の一つです。

echar a rodar　軌道に乗せる / 上手く事を運ぶ

Quiero echar a rodar un nuevo proyecto.

新企画を上手くいかせたい。

En cuanto el negocio eche a rodar, estaremos más tranquilos.

事業が軌道に乗ったら、私たちはもっと落ち着くでしょう。

☞ ものごとが回ると、順調なので、日本語と同じような感覚でこの表現が生まれました。

echar una mano　助ける

Anda, deja que te eche una mano, que si no, no vas a terminar nunca.

手伝わせてよ、そうじゃないと、ずっと終わらなそう。

☞「手を貸す」。言語を問わず、かなり普遍的な表現の一つ。どこの国の人にも手があるからかもしれません。

Una boda lluviosa

Luisa estaba echando chispas[1] el día de su boda, ya que llovía a cántaros... ¡Y la celebración era al aire libre!

Los días antes de la ceremonia, andaba echándose flores[2] por lo bien que lo tenía todo planeado y por haber pensado hasta el más mínimo detalle. Menos en el tiempo... Ese día, se echó a[3] llorar y a culpar a su madre (pues fue ella quien decidió la fecha) del desastre. Le echó en cara[4] de paso un montón de cosas más, hasta que su pobre madre también se echó a llorar. Ante esto, su padre le echó una bronca[5] a Luisa por su actitud. Pobre chica. La lluvia había echado abajo[6] su sueño de un día perfecto. Sentía que Dios le había echado a los lobos[7] por algo que había hecho, o en castigo para expiar sus pecados. El caso es que en esos momentos de desesperación, echaba de menos[8] a su amiga Trini, ausente por un viaje de trabajo, que siempre estuvo junto a ella hasta en los momentos más difíciles.

El novio, que echó raíces[9] en un barrio modesto y problemático, sabía cómo conducir este tipo de situaciones y fue el único que pudo arreglar el momento. Echó una mano[10] a todos los que intentaban consolar a Luisa sin éxito, e hizo gestiones para echar a rodar[11] una celebración que, aunque improvisada, pues tuvieron que cambiar todo en cuestión de minutos, dejó un buen sabor de boca a todos los invitados y fue un buen primer paso como pareja casada. Supieron superar ese momento tan difícil juntos y sacar todo lo positivo de una situación negativa.

Al ver esto, pensé. Seguro que pasan una vida llena de felicidad teniéndose siempre el uno al otro.

雨の結婚式

　ルイサは結婚式の日に大雨が降ってしまって<u>イライラしていた</u>[1]。しかも式は屋外でやる予定だったのだ！

　式の前の数日間は、すべてをこまごましたところまで完璧に計画してあると<u>自信満々だった</u>[2]のに。しかし天気だけはどうにもならなかった……。その日、彼女は<u>泣きだして</u>[3]母親に大失敗の責任を取らせようとした（日取りは母親が決めたのだった）。彼女は面と向かってそれ以外のこともあれこれと<u>非難した</u>[4]ので、かわいそうに母親のほうも泣きだしてしまった。それを目にした父親はルイサの態度を<u>叱りつけた</u>[5]。可愛そうに！　完璧な一日を夢見た彼女を雨が<u>打ち砕いてしまった</u>[6]のだ。昔してしまった何かの罰でその罪を償うために神様が<u>危険にさらした</u>[7]かのように感じていた。深い絶望を感じていた彼女は、友達のトリニが一緒にいてくれないのを<u>さみしく思っていた</u>[8]。彼女は仕事の出張で不在だったが、いつでもどんな厳しいときでも一緒にいてくれたものだった。

　新郎は貧しく治安のあまり良くない地域に<u>住んでいる</u>[9]人だったので、このような場合どうしたらよいのか分かっている唯一の人物だった。彼女を慰めようとしてうまくいっていない人みんなに<u>助け舟をだして</u>[10]、式の運営を<u>仕切った</u>[11]。その場で何もかも変えなければならなかったので、即興ではあったが、招待客も全員気分良く帰ったし、結婚の契りを交わした夫婦としてとても良い第一歩を踏み出した。一緒にその厳しいときを乗り越え、悪い状況をなんとか良い方へ持っていくことができた。

　これをみて私は思った。お互いがそばにいれば彼らの人生は幸福に満ちたものになるだろうと。

chupar

estar chupado　楽勝である
El partido del viernes está chupado.　金曜日の試合は楽勝だ。

chupar del bote　自分だけ得をする
Inés siempre quiere chupar del bote. Nunca viene a hacer nada hasta que todo está terminado.
　イネスはいつも自分だけ得をしたがる。全てが終わるまで絶対に来ない。
　☞ bote は「瓶」。中身の詰まったものから吸い取るというニュアンスです。

chupar rueda　下積みをする
Hay que chupar rueda para ascender.
　昇進したかったら下積みをしなければならない。
　☞ rueda は「車輪」のこと。「下支えや下積みをする」の意味になります。

chupar la sangre a ＋人　人の生き血をすする
La mafia está chupando la sangre a los habitantes del barrio.
　マフィアがこの地域の住民の生き血をすすっている。

¡Chúpate esa!　ざまあみろ！
La policía ha detenido al ladrón ese. ¡Chúpate esa!
　警察があの泥棒を捕まえた。ざまあみろ！

chupar banquillo　ベンチをあたためる
Gaspar está chupando banquillo por la lesión de la semana pasada.
　先週の喧嘩のせいで、ガスパルはベンチをあたためている。

chuparse los dedos　指をしゃぶる / おいしそうだと思う
La paella de este restaurante está para chuparse los dedos.
　このレストランのパエリアはとてもおいしそうだ。
　☞ 何かをつまんで食べた後に指についたタレなどをしゃぶるところから。

chuparse el dedo　赤ん坊なみである、バカである
Melchor es extremadamente bobo. ¿Es que aun se chupa el dedo?
　メルチョールは凄くバカだ。まだ赤ん坊のままなんじゃないか？
　☞ こちらの el dedo は単数形。赤ん坊が親指をしゃぶる様子から出た表現。

Chupóptero

No sé si habéis encontrado a una persona cuyo objetivo único es chupar del bote[1] y no chupar rueda[2]. Yo conozco a alguien así. Es una especie chupóptero, pero mucho peor. Está chupando la sangre[3] a sus amigotes. Bueno, si uno puede aprovechar de alguna oportunidad pues aprovéchala, pero sin molestar a los demás. Desde que lo conozco intento apartarme de él, pues no nací ayer ni me estoy chupando el dedo[4]. Creo que se merece estar siempre chupando banquillo[5].

すねかじり

下積み[2]を嫌い、自分だけ得をする[1]ことにしか興味がない人に会ったことがあるだろうか。私はそういう人を一人知っている。いわゆるすねかじりの類だがもっとひどい人だ。友達の生き血をすすっている[3]。まあ、なんらかの機会が利用できるなら利用すればよいが、他人に迷惑はかけてはいけない。彼と知り合ってから、できるだけ彼から離れるようにしている。私はバカではないしマヌケでも[4]ない。彼にお似合いなのはずっとベンチをあたためている[5]ことだ。

---

* chupóptero：すねかじり、寄生虫。chuparから派生した名詞。日本語の「すねかじり」と違ってよい意味でも使われます。

pegar

● no pegar ojo　寝られないでいる

Ayer no pegamos ojo por el ruido de la feria.
　昨日は祭りの音のせいでまったく寝られなかった。
　☞ もともとは「目を閉じない」という意味です。

● pegarle a ＋物　〜を頑張る

Tal vez lleguemos al Koshien con lo duro que le estamos pegando a los entrenamientos.
　これだけ練習をしていれば、たぶん甲子園までいける。

Pégale duro a todo y conseguirás cumplir los objetivos.
　頑張れば、目標達成できるでしょう。
　☞ 否定的なことにも使えます。例：pegarle al alcohol（酒に溺れる）、pegarle a las drogas（麻薬にはまる）など。pegar の代わりに dar も使えます。

● pegar ＋物 con ＋物　くっつける、合う

Pega con pegamento el juguete y lo podrás usar de nuevo.
　おもちゃを糊でくっつければ、また使える。

Esta corbata no pega con el color de esa camisa.
　このネクタイはそのワイシャツの色と似合わない。

Abelardo no pega con Rebeca.
　アベラルドはレベカと反りが合わない。

● pegarse con/contra ＋物 / 人　ぶつかる

El coche de los ladrones se pegó contra un poste y la policía los detuvo.
　泥棒の車は電柱にぶつかり、警察が捕まえた。

● pegarse a ＋物 / 人　くっつく / まとわりつく

Hay gente que sobrevive pegándose a ciertas personas.
　人にまとわりついて、食いつなぐやつがいる。

Es un incordio cuando se te pega alguien aburrido en una fiesta.
　パーティでつまらない人がくっついてくるのは厄介です。
　☞ 嫌な人がくっついてくる時は se te pega un pelma を使います。

pegárselo un pelma / pegarse un tiro en el pie　間違えて自分に悪影響をもたらす

El tonto de Gabriel se pegó un tiro en el pie al insultar a su jefe delante de todos.

　ガブリエルのバカが間違えてみんなの前で上司の悪口を言って、自滅した。

　☞自分が悪い結果を被る行為をすることを表します。

pegar una tunda　めった打ちにする、圧勝する

El próximo sábado hay que pegarle una tunda al contrincante para tener opciones de ganar la liga.

　今度の土曜日はリーグ優勝候補に残るため、相手を圧勝しないといけない。

Mi hermano me pegó una tunda al enterarse de que le había metido un virus en su ordenador.

　お兄さんは僕が彼のパソコンにウイルスを入れてしまったことに気づいた時、僕をぼこぼこにした。

　☞dar もあります。例：Te voy a dar una tunda cuando vuelvas a casa.（うちに帰ってきたら、めった打ちにするぞ）

pegar +病気 / 態度　伝染させる

Al estar con alguien, se te pegan muchas cosas.

　誰かと付き合うと、色々なところが似てくる。

Mi hija volvió a casa con gripe y nos la pegó a todos.

　娘がインフルエンザをもらって帰ってきて、家族全員がうつされた。

　☞この表現は幅広く使えます：pegar un pensamiento（考え方）、una costumbre（習慣）、los gustos（好み）など

Los conflictos

¿Cómo nacen los conflictos?

La respuesta a esta pregunta no es simple. Pero analicemos el asunto desde el punto de vista de las personas. El origen de los conflictos es la aparición de un problema. La aparición de opiniones en direcciones opuestas. Multitud de personas que no pueden pegar ojo[1] preocupados por ese problema. En estas situaciones, unos se pegan a[2] aquellos que piensan como uno mismo. Es el nacimiento de los bandos. La gente agrupada tiende a pegarse[3] actitudes y formas de pensar, con lo que la sociedad se polariza aún más. Esto, pegado a una situación económica de dudosa prosperidad, son los elementos para que, en momentos en los que los ánimos están caldeados, en cuanto alguien se pegue un tiro en el pie[4] equivocadamente (una opinión dicha en un lugar equivocado o a una persona equivocada, alguien que le pega una tunda[5] a otro, desembocando en enfrentamiento de bandos, etc.), puede empezar un conflicto. En esos momentos, las masas ya no atienden a razones y solo actúan de forma instintiva para protegerse, para vencer, para lograr la "paz" que han roto entre todos.

Qué fácil sería todo si pudiéramos solucionar los problemas como si fueran un juguete roto. Pegándolos con[6] pegamento. Ojalá alguien le pegara[7] en serio a resolver este tipo de problemas.

争　い

　争いはどうやって生まれるのだろう？

　この質問の答えは単純ではない。しかしこのことを人間の視点を元にして分析してみよう。争いの元となるのは、何か問題が起きることだ。正反対の意見が現れることだ。多くの人々がそのことを心配して夜も寝られなく[1]なる。このような状況では、人々は同じ考えを持つ人同士で集まり[2]たがる。こうして派閥が生まれる。集団となった人々は態度や考え方が似て[3]来る傾向がある。そのため社会はより一層極端に走る。これは、成長が見込めない社会にあっては特に、感情が煮詰まっている状態で、誰かが間違いをおかした[4]だけで争いが始まるきっかけとなる（場違いに発言された意見や、間違った人に向けられた言葉、誰かが他人をめった打ちにした[5]事がきっかけで派閥間の争いになるなど）。そのような場合には、大衆はもはや理性には従わず、直感にしたがって行動する。身を守るため、勝つため、またみんなで壊してしまった平和を得るために。

　もし壊れたおもちゃみたいに問題を解決することができたらどんなに簡単だろうか。接着剤でくっつける[6]だけなら。誰かこういった問題の解決に本気で取り組んで[7]くれないだろうか。

coger

● coger el toro por los cuernos / el rábano por las hojas
何か問題があった時に円滑に進められるよう要点を押さえて行動する

El asunto no iba bien, así que me vi obligado a coger el toro por los cuernos para solucionarlo.

案件がうまく進んでいなくて、結局のところ自分で解決することにした。

Coger el rábano por las hojas es lo más eficaz para terminar con un problema de raíz.

物事を解決するには問題を根本的なところから打ち砕くことが一番効率的である。

☞ 直訳では、「牛の角を捕まえる」や「大根のはっぱをつかむ」の意味から、「問題のキーポイントを押さえて、解決に働きかける」。

● coger y +動詞　決断して〜する

Tras tener una pelea muy fuerte con su madre, María cogió y se escapó de casa.

お母さんと大喧嘩をしてから、マリアは決心して、家出した。

☞ この表現はスペインでは頻度が高いので、押さえた方がよいでしょう。何か行動を起こす時に使います。ラテンアメリカでは agarrar を使います。

● coger al vuelo / a la primera　すぐに理解する

Es harto complicado coger a la primera las clases de física.

物理学の授業をすぐに理解するのはとても難しい。

☞ 飛んでくるものを一瞬の反応で捕まえるかのように、聞こえてくることをすぐに理解する意味です。a la primera は「初めて聞いたとき」の印象が強くなります。

● coger con las manos en la masa　悪事を目撃する

Fernando me dijo que cuando entraba en su casa, cogió con las manos en la masa a un ladrón que se llevaba sus joyas.

フェルナンドは自宅に入った時、自分の宝石を盗んでいる泥棒の行為を目撃したと言った。

☞ 直訳すると「小麦粉の塊に手を入れているところを捕まえる」です。何か

をしている真っ最中に「誰かが目撃する」や「捕まえる」を意味します。よく犯罪の時に使います。coger in fraganti も同じ意味。

coger ＋病気　病気にかかる

Mi hijo cogió gripe en el colegio y nos la pegó a todos en la familia...

　うちの子供が学校でインフルエンザをもらってきて、その後家族全員にうつった。

☞ この表現では、多くの病名が一緒に使えます。例：coger una infección（感染症）、el SIDA（エイズ）、un cáncer（癌）、la pulmonía（肺炎）など。

coger cita/una reunión con　アポをとる

Como no cojáis cita con el médico, vais a tener un problema muy gordo.

　君たちは一刻も早く医者の予約をとらないと、大変なことになるよ。

Por favor, coge una reunión con el Sr. Moltó para tratar el asunto de las comisiones.

　報酬について話し合うため、モルトさんとアポを取ってください。

☞ 改まった表現にしたい場合、coger を concertar に替えればよいでしょう。

coger un curso　授業・講座を受ける

Cogiendo este curso, podrás aprender a coser y cocinar.

　この講座を受けると、裁縫とクッキングが覚えられる。

☞ 同じ意味に registrarse a un curso もありますが、やや硬いので、coger を使った表現の方がよく使われる傾向にあります。

coger el ritmo　ペースに追いつく

No pude coger el ritmo de las clases hasta el final del segundo trimestre. Cambiar de colegio es muy duro.

　授業のペースに追いついたのは 2 学期目の終り頃だった。転校は大変だ。

Mariela cogió muy bien el ritmo de la carrera y consiguió ganar.

　マリエラは競争のペースに追いついて、優勝できました。

☞ 似た表現では coger el nivel もあります。周りの人を目的語にすることもあります。例：No los ha cogido todavía.（クラスメートのレベルには追いつけていない）

Quien la hace, la paga

Agentes de la oficina anticorrupción del estado han cogido con las manos en la masa[1] al presidente de la corporación multinacional Copito S.A. cuando se disponía a evadir capitales a las Islas Caimán por vía aérea. Los agentes de la benemérita comenzaron las pesquisas al percatarse que dicho señor estaba cogiendo un número ingente de cursos[2] de formación que presuntamente no se celebraban, y los cogía varias veces alegando que no cogía el ritmo[3] de las clases. Era una maniobra de blanqueo de dinero que las fuerzas del estado cogieron al vuelo[4]. En esos momentos, el sospechoso estaba ya bajo vigilancia. Al darse cuenta de la situación, simuló coger una enfermedad[5] muy grave e intentó coger el toro por los cuernos[6]. Para ello, cogió y[7] compró un billete a EEUU para "operarse" de su grave enfermedad, justificando su estado con la cita cogida días antes con un médico "amigo". No obstante, el rábano ya estaba cogido y bien cogido por las hojas, y los funcionarios del estado lo cogieron al intentar escapar del país.

因果応報

　国家汚職対策室のエージェントは、多国籍企業コピート株式会社の社長が空路でケイマン諸島に資金を隠そうとしていたところを押さえた[1]。治安警察のエージェントたちは、すぐに捜査を開始した。というのも、問題の男性が膨大な数の教育コースに申し込みをして[2]いて、おそらく出席もしておらず、しかも授業についていけて[3]いないからという口実で何度も同じクラスを取っていたからだ。国家警察はすぐにそれを資金洗浄だと見破った[4]。その頃にはもう容疑者は監視下に置かれていた。自分の状況に気づくとすぐに重病にかかった[5]ふりをして、事態をコントロールし[6]ようとした。そのために、すぐに決断して[7]「友人」の医師との予約を口実にして自分の病状を正当化しつつ、「重病を手術」するためにアメリカ行きのチケットを数日前に予約購入した。しかしもう尻尾をしっかりとつかまれていたので、国家公務員たちは国から逃亡しようとしているところを逮捕したのだった。

coger

● coger ＋乗り物　乗り物に乗る

En España se coge el autobús, en México se toma el colectivo.

スペインでは「バスに乗る（coger el autobús）」が、メキシコでは「バスに乗る（tomar el colectivo）」。

☞ スペイン国内でもラテンアメリカでも「バス」や「乗る」の意味で使われる単語は多々あります。「バス」は autobús, bus, guagua, camello, camión, colectivo などがあり、「乗る」は coger, tomar, agarrar, subir などがあります。全部だいたい通じますが、基本的にスペインは coger、ラテンアメリカは tomar です。

● coger vacaciones　休暇を取る

No puedo estar más de seis meses sin coger vacaciones. Me agobio.

6か月以上も休暇を取らないではいられない。いやになってしまう。

☞「休む」や「何かをするために時間を確保する」意味で、休暇の他にも色々あります。

● coger el teléfono　電話に出る

Sé que estás ocupada, pero déjate de historias y coge el teléfono.

忙しいことはわかるけど、四の五の言わずに、電話に出てよ。

☞ 国によって、「もしもし」に当たる言葉は多少異なります。スペインで圧倒的に多いのは ¿Dígame? ですが、ラテンアメリカでは ¿Aló? や ¿Bueno? や ¿Hola? などがあります。

● coger con pinzas/alfileres　最低限を押さえる

Coger con pinzas una materia antes del examen es lo peor que puedes hacer.

試験前に、教科の最低限を押さえるだけで試験に臨むのは最悪の方法です。

☞ トングでものを捕むと簡単に落ちてしまうことや、ピンで裾を止めると簡単にとれるところから「準備がギリギリ」の意味になりました。「準備はしたけど、不十分であり、成功の確率はそこまで高くない」というイメージです。

coger la sartén por el mango　決断して、打開する

O coges la sartén por el mango o te vas a quedar sin nada.
　自分で決断して、打開しないと、何もかもなくしてしまうよ。

☞ coger el toro por los cuernos と同じような意味。

coger una idea　理解する

Cojo la idea, pero no comprendo su importancia.
　考えの趣旨は分かるけど、その重要性が分からない。

coger de nuevas　初耳である

Eso no nos coge de nuevas. Ya lo sabíamos desde hace tiempo.
　それは私たちには初耳ではない。前から知っていた。

☞ nueva はスペイン語で「ニュース、初めて聞いた表現」を意味します。la buena nueva「福音」という言葉はキリスト教でよく使います。

coger el tren en marcha　進行中のプロジェクト・企画などに参加する

Por suerte cogí el tren en marcha y pude usar mi formación a la perfección. El proyecto salió muy bien.
　進行中の企画に参加できたおかげで、スキルを完璧に応用できた。プロジェクトはかなりうまくいった。

Cogí al tren en marcha y ya había demasiado por encima de mí, por lo que era harto difícil destacar y subir.
　進行中の企画に参加できたが、私より上の人が多すぎて、活躍することは難しかった。

☞ 進行中の何かのたとえとして使います。

¡Vente a Alemania, Pepe!

Año 1971. Noviembre.

La España de la posguerra estaba devastada. Las penurias de la población eran muy acentuadas.

Andaba tranquilamente en mi casa. Sin trabajo. Sin nada que hacer. De pronto, el teléfono sonó. ¿Dígame? — dije al coger el teléfono[1]. ¡Soy Rana! — contestó la voz.

— ¡Cuánto tiempo! ¿No estabas tú por Alemania?

—¡Justo! Por eso te llamo. Y estoy seguro de que imaginas por qué te llamo.

La llamada no me pillaba de nuevas. Últimamente muchos amigos estaban cogiendo el tren en marcha[2] de la inmigración al no haber una opción mejor.

En mi situación, era como si hubiera cogido unas vacaciones[3] permanentes y el rumbo de mi vida fuera inexistente.

—Estando España como está, seguro que sigues parado. Coge la sartén por el mango[4]. Puedo conseguir que te contraten en la fábrica donde trabajo.

—Pero..., yo el alemán lo tengo cogido con alfileres[5]. Ni eso. No mucho más de "Guten Tag" o "Ich bin Spanier".

—No te preocupes, eso se aprende con el tren en marcha. Además, no se gana nada mal. Alrededor del triple que en España.

—¿Cómo? ¡Me has convencido! ¡Cogeré un avión[6] la semana que viene!

Algunas de las palabras de Rana, resonaron en multitud de casas españolas en la época, por los llamamientos de conciudadanos emigrantes y por una película que causó furor en la época: ¡Vente a Alemania, Pepe!

ドイツへ来いよ、ペペ！

1971年11月。

内戦後のスペインはひどいありさまだった。人々は物不足にあえいでいた。

私は家でおとなしくしていた。仕事もなく、することもなしに。

突然電話が鳴った。「もしもし？」私は受話器を取る[1]とそういった。「ラナだよ」と返事が聞こえた。

「久しぶり！ ドイツにいたんじゃなかった？」

「そうだよ！ そのことで電話したんだ！ 何故電話したかわかっているだろう？」

電話の内容は目新しいものではなかった。最近では友達の多くが移民する流れに乗っていた[2]。他によりよい選択肢がなかったからだ。

私の置かれた状況は、まるで永遠の休暇を取っている[3]かのようで、人生の先行きというものは存在していなかった。

「スペインはこんな状況だからどうせ失業中だろう？ 思い切ってやってみろよ[4]。俺が働いている工場で働けるように頼んでやるからさ」

「だけど、ドイツ語は最低限しか知らない[5]。いや、それ以下だ。コンニチハとワタシハスペインジンデスしかわからないんだ」

「心配するな。そんなのはあっという間に覚えるさ。それに給料も悪くないぜ。スペインのざっと三倍さ」

「なんだって!? その話乗った！ 来週の飛行機に乗ってゆくよ[6]！」

そのラナの言葉のいくつかは、その時代のスペイン人家庭に響き渡ったものだった。時には移民した市民が電話をかけてきたことによって、またその時代に一大センセーションを引き起こした映画『ドイツへ来いよ、ペペ！』という映画によって。

coger

● coger in fraganti　現行犯を目撃する

Si te cogen in fraganti, vas directo a la trena, así que ve con sumo cuidado.

> 現行犯で見つかると、すぐに牢屋入りだから、よく気を付けろよ。

☞ coger con las manos en la masa より悪行の雰囲気が伝わる表現で、「捕まえる」の意味が出ます。

● coger por banda　（人を）捕まえる

Me cogió por banda y me cantó las cuarenta por no haberle cogido el teléfono.

> 彼女に捕まえられて、電話に出られなかったことで、かなりの怒りをぶつけられた。

☞「人を（話すために）捕まえる」ことをさしますが、イメージとしては、「特定の人と二人で長い話をする」か、「たくさんの人がいるところから離れて、邪魔されないで話せるところで会話をする」。また、主語中心で会話が広がる意味もあり、もっと言えば、話の内容は文句や説教が多いです。

● coger un berrinche/una perra　ごねる

El berrinche que cogisteis vosotros dos ayer no tiene justificación alguna. Sin hacer los deberes, no hay tele.

> 昨日あなたたちがごねたのはお門違いよ。宿題をやらないなら、テレビは厳禁よ。

☞ 特に子供に対してよく使いますが、大人がこの状態になることも無きにしも非ずなので、大人に対して使うこともあります。

● cogerle el gusto a +物　好きになる

Aunque al principio el senderismo no me gustaba, le he acabado cogiendo el gusto.

> 最初、トレッキングはあまり好きじゃなかったが、だんだん好きになってきた。

☞ gusto は「好み」というような意味ですが、それを何かに対して抱くという表現。

coger mesa/los billetes　予約する

He cogido la mesa para el sábado a las 21:00 para seis personas, cuatro adultos y dos niños.
　合計6名、大人4名、子供2名で土曜日21時に予約をとってある。
¿Has cogido los billetes de tren?
　電車の切符は買ってある？

coger por sorpresa　驚かせる / やられる

Las preguntas del examen me cogieron por sorpresa. Creía que iban a salir preguntas completamente diferentes.
　試験問題に啞然とした！ 全く違う問題が出ると思い込んでいた。
El súbito cambio de temperatura le cogió por sorpresa y pilló un resfriado.
　急な温度変化にやられ、風邪をひいてしまった。

☞ サプライズに出会うこと。いい時と悪い時どちらにも使えるので、啞然としたり、やられたりなどの意味として捉えられます。

coger una buena　怒る / 病気になる

Cuando papá coge una buena, se pone a dar golpes en la mesa hasta que todo el mundo se calla.
　父は本格的に怒る時、みんなが静かになるまでテーブルを何度も叩く。
La última vez que cogí una buena estuve una semana en cama.
　最近調子が悪くなった時、一週間も寝込んでしまった。

coger +道　道に入る

Para llegar a la Calle Toro, lo mejor es coger esta calle todo recto y girar a la derecha al final.
　トロ通りにたどり着くには、一番いいのはこの道をまっすぐ歩き、突き当りで右に曲がることです。

☞ 道を教える時、この表現のように、coger をよく使います。coger por は方面を指します。例：coge por ese puente（その橋の方面に）、coger por ahí（そちら方面に）

¡Vente a Alemania otra vez, Pepe!

La España post-Lehman estaba económicamente rota. Gracias a años de desarrollo, las penurias de la población no eran tan grandes como a mitades del siglo pasado, pero los jóvenes no tenían apenas opciones. Mi madre me acababa de coger in fraganti[1] holgazaneando en casa y me mandó directo al ordenador a buscar trabajo.

Nada más encender el PC, mi viejo y gran amigo Cristóbal me cogió por banda[2] por Skype. Me cogió por sorpresa[3], pues hacía bastante que no sabía nada de él. Se había ido meses antes a Munich a trabajar de ingeniero, y justo antes de su partida, cogimos mutuamente una perra[4] horrible porque yo no entendía por qué se iba tan lejos...

Tras algunos meses, le entendí. Mi generación es la llamada JASP, jóvenes aunque sobradamente preparados. Pero el país no estaba preparado para ofrecer empleo digno a físicos, químicos, matemáticos y expertos en otras muchas áreas. Los españoles actuales no eran como los de los años cincuenta, obreros sin cualificación, destinados a ocupar puestos de camareros o peones de fábrica si emigraban. Nuestro nivel era alto gracias a la modernización del país y las universidades.

Cristóbal le había cogido el gusto[5] no solo a la vida en Alemania, sino también a la comida y hasta al trabajo. Se notaba que disfrutaba. Empezó cogiendo una buena[6] conmigo, pero le hice entender que había comprendido todo lo que me dijo en su momento, y que le envidiaba. ¡Ante lo cuál, me cogió la palabra! Bueno, más que eso, ya sabía cuál iba a ser mi reacción. Me dijo que abriera mi correo electrónico, donde encontré un billete de avión electrónico que me había cogido para ir a Munich la semana siguiente, junto con tres ofertas de trabajo en firme.

Cogí la directa, preparé la maleta, y en dos semanas ya estaba allí trabajando. Me convenció a la vez que se me saltaban las lágrimas al decirme unas palabras que siguen resonando con fuerza: ¡Vente a Alemania, Pepe! La misma situación que en el pasado, pero ahora, con formación para cambiar el mundo. ¡A por todas!

もう一度ドイツへ来いよ、ペペ！

　リーマンショック後のスペインは経済が崩壊していた。長年にわたる発展のおかげで、人々の被る被害は、前世紀の半ばよりもずっと小さなものだったが、若者にはほとんど選択肢がなかった。母が私が家でダラダラしているところを見つけて[1]、パソコンで仕事を探すように言いつけた。

　PCの電源を入れるとすぐに、旧友のクリストバルがスカイプで連絡してきた[2]。私は凄くびっくりした[3]。というのも彼からは長い間連絡がなかったからだ。数か月前にミュンヘンで技師として働くために旅立っていったのだが、出発の直前に大喧嘩をして[4]しまったのだ。私にはなぜ彼がそんなに遠くへ行ってしまうのか理解できなかったからだ。

　何か月かして彼のことを理解した。私の世代はいわゆる JASP というやつで、準備だけはできている若者たちと呼ばれているのだ。しかしこの国は、物理学者や化学者、数学者や他の分野の専門家に仕事を与える準備はできていなかったのだ。スペイン人たちはもはや50年代のスペイン人ではなかった。ウェイターや工場の雑用をするような、教育を受けていない労務者ではなかった。国や大学の近代化のおかげで、私たちのレベルは高かったのだ。

　クリストバルは気に入っていた[5]。ドイツでの生活のみならず、食べ物や仕事も気に入っていた。楽しんでいるのが傍からも分かった。彼は私に対して怒り出したが[6]、私は彼が言っていたことがすぐに理解できたことと、彼のことがうらやましいと伝えた。それを言ったとたん、彼は私の言ったことに同意した。それどころではなくて、電話する前からどんな反応が返ってくるか分かっていたのだ。彼は私にメールを開くように言った。そこには来週のミュンヘン行飛行機の電子チケットがあり、さらには確実な3件の求人情報もあった。

　私は即決し、荷物をまとめて、2週間後にはドイツで働いていた。「ドイツに来いよ、ペペ！」と力強く響く言葉をいわれて、日々の涙も忘れてすぐに話に乗った。過去と同じ状況だが、いまは世界を変えるための訓練を受けている。全力で頑張るぞ！

coger

● coger las riendas　仕切る

Gracias a que el nuevo jefe cogió las riendas del departamento, se pudieron salvar muchos puestos de trabajo.

新しい部長が部署を仕切ったおかげで、大勢のスタッフを切らないで済んだ。

☞ rienda は「手綱」のこと。それをつかむわけですから、「操作する、仕切る」という意味になります。

● coger el tranquillo　コツをつかむ、上達する

Una vez practicadas dos o tres horas, no es difícil cogerle el tranquillo a este juego.

2、3時間練習すれば、このゲームに上手になるのは難しくない。

● coger cariño a +人　親しくなる

Cogerle cariño a un profesor cuando coges su clase puede ser muy peligroso para ambos.

授業を取っている時、先生と親しくなるのは、双方にとって危険かもしれない。

● coger desprevenido/a　予想外のことが起きる

La fiesta sorpresa que me dieron el año pasado me cogió completamente desprevenida. No me la esperaba.

去年、開いてもらった誕生日サプライズパーティでは完全にあっけにとられていた。まったく予想していなかった。

☞ prevenir は「予防する」という動詞ですが、その過去分詞 prevenido に des- がついて「予防していない、予想していない」という意味になります。

● coger carrerilla　加速する

Después de la universidad cogió carrerilla y en cuestión de dos años consiguió escalar al puesto de ejecutivo en un gran banco.

卒業後、出世の道を駆け抜けて、たった2年で大銀行の幹部までのしあがった。

☞ carrerilla は「助走」のことですが、ここではその加速のことを言っています。

● coger manía / cogerla con　特定の人にイライラする、いびる、粘着する

Muchos alumnos están obsesionados con que un profesor les coge manía, cuando al final no son más que ideas infundadas.

　多くの学生は先生にいびられているという思いに取りつかれているが、結局ほとんどの場合はただの思い込みである。

　☞ manía は日本語の「マニア」とは違い、「怒り」や「不満」を意味します。

● coger fuerza　自信がつく、強気に出られるようになる

Tras ganar el premio al empleado del mes, Macarena cogió fuerza y le planteó a su jefe varias propuestas.

　月間最優秀社員賞を受賞後、マカレナは自信が出て、上司に様々な提案をした。

● coger una borrachera　酔っぱらう

Es un espectáculo ver las borracheras que se cogen los estudiantes en el botellódromo habilitado por el ayuntamiento en Granada.

　グラナダ市役所公認の集団飲み会会場の学生酔っ払いの様はとんでもないみものだぜ。

　☞ borracho「酔っ払い」という名詞を集合体化したのが borrachera という名詞です。

Sentimientos

El cariño es algo que nos coge desprevenidos¹. Coger cariño² y sentir amor son experiencia físicas, químicas o hasta extrasensoriales que comenzamos a profesar sin razón aparente. A estos dos sentimientos no se les puede coger el tranquillo³. Ni las mentes más brillantes han conseguido descifrar el mecanismo por el que esos sentimientos cogen carrerilla⁴ hacia nosotros, nos invaden hasta coger una fuerza dentro de nosotros y nos hacen sentir capaces de cualquier cosa por otra persona. Cogen fuerza⁵ hasta dominarnos por completo. Especialmente el amor, no es algo que comienza porque uno quiera. Es lo que es. Ocurre. Es como coger una continua borrachera⁶ de sentimiento, pues no podemos coger las riendas⁷ del amor, el amor coge las riendas de nuestra vida y nos conmina a tomar decisiones. Nos domina y nos hace humanos. Por ello, es triste cuando, tras haber sentido la humanidad en lo más interno de su ser, ese amor se transforma en heridas del corazón que provocan una reacción de rechazo. La cogen con⁸ el amor, cogen manía⁹ a sentir ese sentimiento que nos diferencia como animales racionales.

Aprovechémoslo. Siempre habrá una nueva oportunidad. Todo el mundo tiene su media naranja.

感　情

　愛着は<u>不意にわれわれをとらえる</u>[1]ものだ。<u>親しみを覚え</u>[2]たり愛情を感じたりすることは、表立った理由もなく我々が抱く肉体的で化学的で超感覚の体験だ。この二つの感情に<u>コツ</u>[3]はない。どんな天才でも感情のメカニズムを解き明かすことはできていない。その感情はときに私たちの理性をうわまわって心の底で<u>加速して</u>[4]、他の人のために何でもできると思わせることもあるのだ。時には感情に支配されてしまうほどに<u>力をつける</u>[5]こともある。特に愛は、望んだから得られるものではない。愛は愛なのだ。それは常に感情に<u>酔っている</u>[6]かのようであり、愛を<u>コントロールする</u>[7]ことはできず、愛のほうがわれわれの手綱を握っているかのようで、愛のほうが決定権を握っていて決断力がなくなってしまう。それは私たちを支配もし、同時に人を人たらしめるものだ。それ故に、人が心の奥底で感じたそのことが、時にこころの傷になって拒否反応を起こしてしまうのは悲しいことだ。愛を<u>毛嫌いして</u>[8]しまい、我々を理性ある存在として成り立たせているその感情を<u>憎んでしまう</u>[9]。

　人生を楽しもう。いつでも新しい機会というのは有るものだ。人は誰でも運命の人というのがいるものだ。

coger

coger las de Villadiego　逃げる

El empresario jamonero cogió las de Villadiego después de estafar a todos.

　生ハムの企業家がみんなのお金をだまし取って、逃げた。

coger a +人 bajo su manto　守る / 受け入れる

Él lo pensó mucho, pero gracias a que cogió al pobre chico bajo su manto, ha conseguido criar un digno heredero.

　彼はよく考えたが、あの子をかわいそうな受け入れたおかげで、引き継いでくれるまともな人を育てられた。

　☞ マントの下に引き入れるわけですから、親鳥がヒナを守るように、「マントの下で守る」という意味でしょう。

cogerlo　理解できる

Chaval, ¿lo coges o eres un pelín corto?

　あのな、わかってるのか、それともオツムが弱いのか？

　☞ 日本語でも「内容をつかむ」という言い回しがありますが、それとよく似ています。

no hay por donde coger +物 / 人　手の施しようがない

Este problema no hay por donde cogerlo. Mejor olvídalo. Va a ser una pérdida de tiempo.

　この問題は手の施しようがない。忘れたほうが良い。時間の無駄だ。

　☞ 直訳をすれば「つかみどころがない」となってしまいますが、実際は「手の施しようがない」という意味なので注意しましょう。

cogerse los dedos　失敗する

Pensaba que me había preparado suficientemente bien para la presentación, pero me cogí los dedos. No supe responder bien a las preguntas.

　プレゼンは十分に準備できたと思っていたが、結局失敗してしまった。疑問点について分かりやすく答えられなかった。

　☞ meter la pata という足に関した失敗の表現もありますが、こちらは指を挟

んで失敗しています。両方あわせて覚えるといいでしょう。

coger la palabra　発言に同意する

Raúl, te cojo la palabra. Hay que ejecutar las medidas que tú propones.

　ラウルさんの言う通り。ご提案の対策を実行するべきです。

　☞ この場合の palabra は「発言権」や「発言内容」のこと。

coger el truco　うまくなる

Todo trabajo necesita su tiempo para cogerle el truco.

　どんな仕事でも習熟するまで時間が必要だ。

　☞ truco は「仕掛け」や「仕組み」のこと。仕組みを把握してうまくなるということです。

coger la vena de +不定詞/名詞　～ばかりするようになる、～の習慣ができる

Los japoneses han cogido la vena de jugar al fútbol y gracias a eso, y a mucho esfuerzo colectivo, en unos años han conseguido acceder a la Copa del Mundo.

　日本人の間でサッカーをする習慣が広がり、また多大な集団的努力のおかげで、数年のうちにワールドカップに出場できるようになった。

Últimamente, he cogido la vena de cultivar tomates en casa.

　最近、家でトマトを栽培することを趣味にした。

Entrevistas

Las entrevistas de trabajo, tanto como entrevistador, como entrevistado, son un mundo aparte. Hay candidatos para un trabajo que lo cogen[1] todo rápidamente y reaccionan bien, pero otros, al no saber cómo contestar, se van por la tangente y muestran unas encubiertas ganas de coger las de Villadiego[2], pues ya desde el minuto cero, comprenden que la cosa no va nada bien. Coger el truco[3] a someterse a entrevistas, puede parecer lo mejor, pero a veces, provoca que las respuestas sean muy artificiales y automatizadas. Coger la palabra[4] del entrevistador y formular respuestas proactivas son puntos muy valorados. Y luego están los que están tan nerviosos que no hay por dónde coger[5] la entrevista. Cada entrevistador y departamento de recursos humanos coge bajo su manto[6] a quien considera apto e idóneo para la cultura de la empresa y para los papeles que preven que desempeñarán en la organización.

Cualquiera se coge los dedos[7] en una entrevista. Lo importante es ser capaz de dar explicaciones convincentes y dentro de la lógica común.

面　接

　仕事の面接は面接官にとっても面接を受ける人にとっても別世界のものだ。全てをすばやく把握して[1]反応できる求職者もいれば、何を答えたらいいかわからず言葉を濁し、逃げ出し[2]たい気持ちをにじませる人もいる。なぜならもう最初の瞬間からこれはうまくいかないと悟っているからだ。面接に慣れるためのコツをつかむ[3]ことがよいように思われるが、しかし時には返答があまりにも無理やりで通り一遍のように思われてしまう。面接官の話の趣旨に賛同して[4]効果的な答えを練ることが高く評価される点だ。またあまりに緊張し過ぎて面接どころではない[5]人もいる。面接官も人事部も会社の気風や組織内で想定される役割にふさわしいと思われる人間を受け入れる[6]。

　面接では誰もがミスをする[7]。大事なのは常識の範囲内で説得力のある答えをできるようになることだ。

tomar

tomar el aire　新鮮な空気を吸う

Quiero tomar el aire porque estoy agotado después de tanto estudiar.

たくさん勉強をして疲れたので新鮮な空気を吸いたい。

tomar alas　自由にふるまう

Los niños toman alas cuando los padres no están en casa.

子供たちは親が家にいないと自由にふるまう。

☞ もともとは「翼を得る」という意味。

tomar las cosas como vienen　成り行き任せにする

No nos queda más remedio que tomar las cosas como vienen. El presupuesto está agotado.

成り行き任せにするしか仕方がない。もう予算が空っぽだ。

tomar cuerpo　実現する

Este proyecto tomó cuerpo cuando vino el nuevo jefe de ingeniería.

新しい技術部門のリーダーが来た時から、この計画は形になった。

☞「身体を得る」という意味。つまり「実体を持つ」ということ。

tomar fuerzas　元気になる

El toro toma fuerzas de nuevo aunque el picador le atacó con su lanza varias veces.

ピカドールが何度も槍で攻撃したが、闘牛は力を取り戻した。

tomar parte en　参加する

Quienquiera que tenga ganas de conocer Japón, ¡tome parte en nuestro círculo de la cultura japonesa!

日本を知りたいと思う人は誰でも、私たちの日本文化サークルに参加してください！

tomar el pecho　（乳児が）おっぱいを飲む

No hagas tanto ruido, que Pepito está tomando el pecho.

そんなに騒がないで、ペピートがおっぱいを飲んでるんだ。

tomar a +人 por el pito del sereno　軽く見る、見下す、無視する
No me tomes por el pito del sereno. Te lo digo en serio.
　無視しないで、本気で言ってるんだよ。
　☞ sereno はセイレーン、つまり人魚のこと。人魚の歌声が罠だという昔話から、それを無視するという意味になりました。

tomar +物 de revés　逆に受け取る
Yo le dije que no se fuera pero lo tomó de revés y se fue.
　帰らないように言ったのだが、彼は逆に受け取って帰ってしまった。

tomar el sol　日光浴をする
Los turistas están tomando el sol en la playa de la Barceloneta.
　バルセロネタの砂浜で観光客が日光浴をしている。
　☞ tomar は「手に取る」「食物を摂取する」の他にも、「日光を浴びる」「空気を吸う」などの色々な「取る」の表現で使います。

tomar tierra　着陸する、接岸する
El vuelo 800 de Iberia va a tomar tierra en 20 minutos.
　イベリア航空 800 便は 20 分後に着陸します。

¡Toma esto!　くらえ！
¡Serás! ¡Toma esto!
　この野郎！　これでもくらえ！
　☞ 日本語の「食らえ」と全く同じ表現。

tomar el pelo a +人　バカにする
No me tomes el pelo diciendo tonterías. Yo no nací ayer.
　くだらないことをいってバカにするなよ。こっちは赤ん坊じゃないんだ。
　☞ 相手の髪の毛をつかんでバカにするというところから出た表現。

¡Vete a tomar viento!　どこかへ行っちまえ！
Me tienes harto. ¡Vete a tomar viento!
　お前にはうんざりだ。どこかへ行っちまえ！

Salir de lo cotidiano

Últimamente estoy cansado de vivir en Tokio. Sobre todo odio los trenes abarrotados de todos los días en los que no podemos ni tomar el aire[1]. Hay gente que le da igual y me dice que me quejo demasiado, pero no. No es nada de eso. Es como si me estuviera diciendo "¡Vete a tomar viento[2]!". Vale. Tienes razón. Necesito tomar... por lo menos el sol[3]. Creo que ya es la hora de que mi proyecto tome cuerpo[4]. No soy una persona que toma las cosas como vienen[5] y no hace nada. ¡A tomar alas[6]! Mañana voy a volar en avión para tomar tierra[7] en una isla tropical donde tomaré parte en[8] un grupo de ociosos. Ahora estoy escribiendo la carta de dimisión. La enviaré desde la isla. ¡Toma esto[9]!

日常を離れる

　最近私は東京で暮らすことに疲れている。新鮮な空気を吸う[1]のも難しい毎日の満員電車には特にうんざりしている。そんなこと大したことはないと考えて文句を言いすぎだと私に言う人がいるが、そうじゃない。全然そんなことは無い。それはまるで私に「どっか行ってしまえ！[2]」と言っているようなものだ。分かった。君の言うとおりだ。少なくとも……日光浴でもする[3]必要がある。私の計画を実現させる[4]ときが来たのだと思う。私は成り行き任せにして[5]自分は何もしないような人間じゃない。自由になる[6]ぞ！　明日飛行機に乗って南の島に降り立ち[7]、暇人たちの仲間入りをしよう[8]。いま辞表を書いているところだ。島からこれを郵送しよう。これでも食らえ！[9]

* スペインの交通手段はバスが主流で、電車は主要な都市以外はあまり多くありません。スペイン人が東京に来て驚くのは、どこへでも電車で行けること。そしてラッシュアワーや終電間際の満員電車は、スペインにはまずありません。

tener

tener el corazón en un puño　びくびくする

Tengo el corazón en un puño por tu operación.
　君の受ける手術に私はびくびくしている。

El final del partido nos tuvo a todos con el corazón en un puño. Menos mal que ganamos.
　試合の最後の方はみんなびくびくしていた。私たちが勝ってよかった。

☞ どきどきしていると手で鼓動が分かるときがありますが、そこからきている表現ですね。

tener más cara que espalda　面の皮が厚い

Me quería colar un reloj falso. ¡Tiene más cara que espalda!
　あいつは偽時計を売りつけようとしていた。面の皮が厚いやつだ。

☞ 直訳すると「背中よりも顔の皮が厚い」。つまり胴体の厚みほどが面の皮だという意味。

tener a bien　よいと思う

Mi abuela tiene a bien que yo salga con otro chico. Es muy comprensiva.
　おばあちゃんは僕が男を彼氏にするのは悪くないと思っている。かなり寛大です。

Mis profesores tienen a bien que no vaya a las clases de segundo idioma, pues ya lo hablo perfectamente.
　私は第2外国語が完璧に話せるので、先生たちは私が授業に出なくてもよいと思っています。

☞ tener por ＋過去分詞で「～とみなす」という表現もありますが、これは「良いとみなす」という似た意味になります。前置詞が違う点に注意。

tener mundo　世慣れている

Él tiene mucho mundo y lo que le cuentes, seguro que ya lo sabe.
　彼は世慣れていて、何を教えても絶対知っていそうだ。

Si tienes mundo, es mucho más fácil comprender a la gente.
　世慣れた人には他人の気持ちが分かりやすい。

☞ 「世界を手にする」、つまり世の中を良く知っているという意味。

tener ángel　性格がよい

Mi hermana tiene ángel. En cuanto entra, el ambiente se relaja.
　妹は性格がよい。彼女が部屋に入ったとたん、雰囲気が和む。

☞「天使のような人だ」とは言わず、「天使を宿している」と考えるところが非常にキリスト教徒の視点だと思います。

tener los nervios de punta　神経過敏になっている

Todos tenemos los nervios de punta desde la noticia del atentado terrorista.
　テロ事件のニュースを聞いて私たちはみんな神経過敏になっている。

El terremoto de ayer me tiene con los nervios de punta. No he pegado ojo.
　昨日の地震のせいで私は神経過敏になっている。まったく眠れていない。

☞「神経がとがっている」という表現とも重なります。

tener ojo de buen cubero　予測ができる人、目分量

Tengo ojo de buen cubero, ahí dentro caben, quince personas.
　私は見積もるのが得意だ。だいたい15人入りそう。

☞ この cubero は「樽職人」のこと。よい樽職人は目分量で量を測れたところからきました。

tener buena estrella　幸運な人である、ついている

Hay que aprovechar los días en que se tiene buena estrella.
　幸運の日を有効に使わないと。

☞「幸運の星の元にいる」という表現ですが、「幸運の星を持っている」と表現します。

tener pájaros en la cabeza　集中できないでいる

Los jóvenes tienen muchos pájaros en la cabeza y necesitan alguien que los guíe.
　若者たちはまったく集中力がないので、指導者が必要だ。

☞「頭の中に鳥を飼っている」という表現で、「脳みそが足りない」という意味。スペイン語では pájaro はあまり良い意味で使われません。

El bar de mi tío

Mi tío Pepe tiene un bar en el barrio. Está siempre muy concurrido y mi tío <u>tiene a bien</u>[1] que se abarrote, por ello ha habilitado fuera mesas para sentarse y para tomar tapas de pie. Mi tío nunca <u>ha tenido pájaros en la cabeza</u>[2]. Siempre ha estado muy centrado en aprender y <u>tiene</u> mucho <u>mundo</u>[3]. Ha visto de todo. Ha aprendido cocina asiática, europea y hasta africana, por eso sus tapas les gustan tanto a sus clientes. Casi diría que <u>tienen ángel</u>[4], pues la presentación y el sabor hablan por sí solos y son hasta capaces de alegrar el ambiente.

Aunque siempre parece que a mi tío le va fenomenal, cuenta que <u>tiene el corazón en el puño</u>[5] cuando llegan clientes que no conoce, pues ha tenido casos en los que le han intentado hacer lo que coloquialmente se llama un "simpa" (sin pagar). — Hay gente que <u>tiene más cara que espalda</u>[6] — dice a menudo. — Luego están los conocidos que quieren que les apuntes todo y nunca sabes cuándo te van a pagar. No sé cuáles son peores. — esputa de vez en cuando.

A veces <u>tiene los nervios de punta</u>[7], pero con los años <u>tiene ojo de buen cubero</u>[8], es capaz de adivinar qué tipo de cliente tiene enfrente, lo que le va ahorrando disgustos, pues sabe prevenir. Y ante todo, por muchos problemas que haya, mi tío es feliz con su bar, sus empleados y sus clientes.

おじのバル

　私のおじのペペは街でバルを経営している。いつも人で一杯で、おじは満員になることをよしとして[1]いるので、さらに外でも腰かけたりタパスの立ち食いができるようにテーブルを置いている。おじはボーッとして過ごす[2]ことは無い。いつも何かを集中して学んでいるし、世慣れている[3]。色々なことを見てきていた。アジア、ヨーロッパ、そしてアフリカ料理も学んだので、料理はお客に好評だ。まるで天使が宿っている[4]とでもいう感じで、見栄えと味がものを言うかの様で、料理自体が雰囲気を明るくしてくれる。

　おじはいつでもうまく行っているように見えるが、一見の客が来ると緊張する[5]という。何度かいわゆる食い逃げの被害に遭ったからだ。「背中よりも面の皮が厚い[6]連中がいるんだ」とよく言っている。常連の中にもいつもツケにして、いつ払うのか分からない連中もいる。どちらがよりひどいのかはわからないと、時折吐き捨てるように言う。

　時折ひどくイラついている[7]こともあるが、年を経るにつれて、目の前の客がどんな層なのか一目で見抜ける[8]ようになって予防できるようになったので、不満を抱えることも減っていった。何よりも、色々な問題があっても、おじは自分のバル、従業員、そして客を持って幸せなのだ。

＊　simpa：sin pagar（支払わない）の略で、いわゆる「食い逃げ」を表します。

tener

● tener el corazón de piedra　冷静である

No soporto estar con personas que tienen el corazón de piedra. Parece que no sienten nada.

　冷たい人と一緒にいるのはいやだ。何も感じていないみたいだ。

● tener la palabra　話す順番である

Ahora que tengo la palabra, me gustaría realizar dos preguntas.

　私の番のようなので、二つ質問させてください。

● tener pensado ＋物／不定詞　～を前もって考える

Tengo pensado estudiar en EEUU dos años para después volver a mi país y aprovechar lo aprendido.

　アメリカ合衆国へ行って二年勉強した後に戻って、それを利用して何かをしようと思っている。

● tener por ＋過去分詞　～であるとみなす

Tienen por perdida la liga, así que los jugadores no se están esforzando nada.

　選手達はもうリーグ優勝はできないと思っている、だから全然本気を出していない。

Han tenido por muerto a su primo durante 30 años, pero acaba de volver de la selva.

　いとこはもう 30 年前に死んだと思っていたが、荒野から戻ってきた。

　☞ dar por perdido や dar por muerto とも言えます。ニュアンスはあまり変わりません。

● tener en la punta de la lengua　口に出かかる

¡Lo tengo en la punta de la lengua!

　もうここまで出てきてるんだけどなあ！

● tener que ver con　～と関係がある

No tengo absolutamente nada que ver con ese banco, pero me han enviado una carta.

　その銀行とは何の関係も無いが、手紙を送ってきた。

El español tiene mucho que ver con el latín.
　スペイン語はラテン語と大いに関係がある。

tener entendido que　〜であると認識する

Muchos japoneses tienen entendido que Magallanes fue el primero que dio la vuelta al mundo, pero en realidad murió en Filipinas.
　多くの日本人はマゼランは初めて世界一周した人物だと思っているが、実際はフィリピンで死んだ。

Muchos españoles tienen entendido que Magallanes era español, pero en realidad era portugués.
　多くのスペイン人はマゼランはスペイン人だと思っているが、実はポルトガル人だ。

☞ tener ＋過去分詞の表現の一つですが、非常に良く使われるもの。

tener éxito　うまくやる、成功する

Tener éxito en la vida es una mezcla de muchos factores.
　人生で成功することは多くの要素の混ぜ合わせだ。

Ese jugador no tuve éxito en el equipo y tuvo que irse al final de temporada.
　その選手はチームで成功せず、シーズンの終わりにチームを去った。

☞ éxito は「成功」や「栄光」という意味で捉えられがちですが、単純に「上手くいく」という意味でも良く使われます。

Personajes de países hispanohablantes

Tengo entendido que[1] el mundo de habla hispana tiene mucho talento. Pero para tener éxito[2], no basta con el talento, hace falta también trabajo muy duro. En muchos países se tiene a los hispanohablantes por gente muy trabajadora y diligente. Esto tiene que ver con[3] la intensa inmigración que ha habido a lo largo de los siglos, pero no solo eso, también tiene que ver con los hitos del pasado. El descubrimiento de América, la primera vuelta al mundo son conocidos por muchos, pero pocos conocen que el submarino fue inventado por el murciano Isaac Peral, que la fregona fue cosa del ingeniero Manuel Jalón, o que el poeta Alejandro Campos creó el futbolín al oír quejarse a sus compañeros heridos durante la Guerra Civil española, por no poder jugar el fútbol, y así, innumerables avances.

Cuando tenemos pensado algo[4], nosotros los hispanos, con sangre caliente y para quienes los corazones de piedra son una antítesis a lo que normalmente somos, la pasión nos invade y nos dirigimos hacia la meta sin importar el esfuerzo que haga falta. Cuando tenemos la palabra[5], nos aseguramos de aprovechar nuestro momento de contribución. Más que picos de oro con espíritu comercial, somos probablemente artesanos centrados en crear. De ahí, por ejemplo, las diferencias ahora presentes en el mundo entre el Gran Imperio Británico, reputadamente el mayor del mundo hasta la fecha, y el Imperio Español. Lo que se hizo y lo que quedó dista enormemente. No es ni mejor ni peor, simplemente es diferente, y esas diferencias se notan en el mundo actual en multitud de áreas.

スペイン語圏の人物

　私はスペイン語圏は凄く才能に恵まれていると理解している[1]。しかし成功を収める[2]には才能だけでは足りず、大変な努力もしなければならない。多くの国々でスペイン語圏の人々は働き者でまじめだと思われている。それは数世紀にわたっての多数の移民に関係がある[3]ばかりでなく、過去の偉業にも関係がある。アメリカ大陸の発見や、人類初の世界一周などは多くの人の知るところだろう。しかし潜水艦はムルシア出身のイサアク・ペラルの発明だし、モップは技師のマヌエル・ハロン、詩人のアレハンドロ・カンポスはスペイン内戦で負傷してサッカーができなくなった仲間の不満を聞いてサッカー盤を発明した。このように様々な進歩をもたらした。

　何か目標を持つ[4]と、私達スペイン語圏の人間は熱い血を滾らせて、石の様な無感動な心はわれわれの普通のあり方に対するアンチテーゼとなる。情熱に支配され、どのような努力が必要であろうともかまうことなく目的に向かってまい進する。そして自分達に順番が回ってきた[5]なら、貢献する機会を逃さず利用するのだ。商売っ気のあるおしゃべりというだけでなく、おそらく何かを作りあげることに特化した職人なのだ。例えば、そこから現在まで繁栄を続ける大英帝国とスペイン帝国の違いが出てくるのだろう。行われたことと残ったことには大きな違いがある。何が優れていて何が劣っているかということではなく、単に違うだけなのだ。そしてそれらの違いが現在の世界の様々な分野に現れている。

tener

tener ganas de　〜したい

Después de un duro día de trabajo, todos tenemos ganas de tomar una cerveza bien fría.

きつい仕事を一日した後なので、みんな良く冷えたビールを飲みたい。

tener suerte　幸運に恵まれる

Ojalá tuviera suerte y me tocara la lotería.

幸運に恵まれて宝くじが当たったらいいのになあ。

tener gracia　笑える

Ese programa tiene mucha gracia.

その番組は面白い。

Las bromas de Hernando no tienen ninguna gracia. Son muy ofensivas.

エルナンドの冗談は全然面白くない。ただ侮蔑的なだけだ。

☞ gracia は gracias「ありがとう」の印象が強いですが、単数形では「面白さ」や「おかしさ」のことを指すことが多くあります。

tener arreglo　解決できる

Su relación no tiene arreglo. Mejor que lo dejen.

その関係はもうどうしようもない。もうやめたほうがいいよ。

Esta máquina tiene arreglo, pero costará bastante tiempo y dinero.

この機械は直ると思うが、時間とお金がかなりかかりそうだ。

tener idea　ある程度分かる

No tengo ni la más remota idea de lo que pretende.

何をしたいのか全く持ってわからない。

Si tuviera alguna idea de inglés, te ayudaría para tu examen.

英語が少しでもわかればテストの役に立つのに。

no tener un pelo de tonto　まるっきりのバカではない

El que pensó esto seguro que no tiene ni un pelo de tonto.

これを考え付いた人はきっとまるっきりのバカではない。

tener la lengua larga　陰口をきく、悪口を言う / 二枚舌を使う

¡Qué larga tienes la lengua! ¡Deja de insultar ya!
　陰口ばっかりいっているなあ！　侮辱するのをやめろ！

no tener pelos en la lengua　はっきりものをいう

El jefe de Mario no tiene pelos en la lengua. Habla claramente de todo. Pregúntale lo que quieras.
　マリオの上司はものをはっきり言う人だ。何でも明確に言ってくれる。何でも彼に質問しなさい。

tener madera de　〜に向いている

Con esa estatura, seguro que tiene madera de jugador de baloncesto.
　その背丈なら、バスケットボール選手の素質がある。

A juzgar por este texto, parece que tiene madera de escritora.
　この文章から判断すると、彼女は作家の才能がある。

tener mala cara　顔色が悪い

Tienes mala cara desde ayer. Mejor ve al médico.
　昨日から顔色が悪い。医者に行ったほうがいいよ。

Héroes

Los conquistadores habían llegado a los nuevos territorios como elefantes en una cacharrería, creando conflictos en todas direcciones y con la mayoría de poblados. Eran fuerzas de ocupación destinadas a colonizar la zona, pero la Reina había dejado dicho que los habitantes de las nuevas tierras eran sus súbditos y por tanto, no quería esclavitud alguna. No obstante, aquellos soldados no tenían madera para[1] diplomáticos. Tenían mala cara[2] después del largo viaje a tierras ultramarinas. No estaban ya para negociaciones amistosas. Y obviamente, no tenían ni un pelo de tontos[3]. Habían ido allí para hacer fortuna, no para asegurarse de que los indígenas estuvieran mejor. Habían ido para asegurar el futuro de las generaciones venideras. Por eso, más de uno más centrado en sus objetivos personales que en la misión encomendada, y teniendo la lengua bastante larga[4] (engaños, abusos de poder, etc.), fue el germen de conflictos sin que luego nadie tuviera idea[5] de cómo solucionarlos.

Llegó un momento en que la situación parecía no tener arreglo[6]. La relación entre indígenas y colonizadores estaba prácticamente rota. Además, ya todos tenían ganas de[7] volver a la patria.

Tuvieron suerte[8]. Había una expedición rezagada en cuyo cuerpo estaba Bartolomé de las Casas, natural de Sevilla y conocido por ser el "protector universal de todos los indios de las Indias". Su llegada fue mano de santo. Estableció una línea de diálogo con los jefes tribales y en cuestión de semanas formó estructuras de cooperación y encaminó la evangelización del territorio.

Historias como esta, las hay a cientos y miles. La llegada de los españoles a América dio lugar al nacimiento de multitud de héroes que dejaron huella en la historia. Fueron personas que lo dieron todo por un ideal. Merece la pena recordarlos y tener presente quiénes somos gracias a nuestros antepasados.

英　雄

　征服者達は新しい土地に、雑貨屋に突入する象の様に到着した。そうして全方向に、ほとんどの住人達と揉め事を起こした。その地域を植民地化するための占領軍だったが、女王はその土地の住人達も臣民となるのだから奴隷化は望んでいないと申し渡してあった。しかしながら、兵士達には外交官の才能は無かった[1]。長旅の後に疲れ切った顔をして[2]海外までやってきて、もはや友好的交渉などはありえなかった。それに彼らは明らかにただのバカでは[3]なかった。そこに行ったのは財産を築くためで、先住民の生活をよりよくするためではなかった。自分たちの子孫の繁栄のために行ったのだった。だから、命じられた任務よりも個人的な目的のためだけに行動し、二枚舌を使って[4]行動していた（嘘、権力乱用など）。だから誰もどうやって解決したらいいのかわから[5]ないような問題の元となってしまった。

　状況は解決方法[6]がないように見える時が来た。先住民と植民者の関係は事実上崩壊していた。おまけにみんなもう祖国へ帰りたい[7]と思っていた。

　彼らは運が良かった[8]。後発の探検隊にバルトロメ・デ・ラス・カサスというセビーリャ出身の人物がおり、その人物は新大陸と全てのインディオの保護者として有名だったのだ。彼の到着はまさに神の手助けといっても良かった。部族の長達との対話の道筋をつけ、数週間で協力体制をととのえ、地域の布教を進めた。

　このような話は、いくらでもあるのだ。スペイン人のアメリカ大陸への到着は、歴史に名を残した多くの英雄を生んだ。理想の為に全力を尽くした人々だった。時には彼らを思い起こし、われわれがわれわれであるのは祖先のお陰であることを考えるのも悪くはないことだ。

tener

● no tener dónde caerse muerto　首が回らない

Desde que le echaron de su empresa, no tiene dónde caerse muerto.
　彼は会社から放り出されて以来、首が回らない。

● tener malas pulgas　怒りっぽい、機嫌が悪い

No te acerques a él, que hoy tiene muy malas pulgas.
　近づくなよ、彼は今日機嫌が悪い。
　☞ 直訳では「嫌なノミを持つ」です。

● no tenerlas con uno　確信のない状態だ

No sé si voy a aprobar el examen de coche. No las tengo todas conmigo.
　車の試験に受かるかどうかわからない。自信がない。
　☞ las は何を指すかはスペイン人にも分からないので、セットで覚えましょう。

● tener la carne de gallina　鳥肌が立つ

Ahora que estoy a punto de ver mis notas, tengo la carne de gallina.
　もうすぐ成績がわかるかと思うと鳥肌が立つ。
　☞「立つ」の意味を強調する場合は poner を使います。例：Se me pone la carne de gallina.

● tener el mundo a sus pies　上に立つ

Gracias a todos los éxitos de este año, tengo el mundo a mis pies.
　今年はすべてうまく行ったので、世界はおれのものだ。

● tener buen diente　がつがつ食べる

Este niño tiene muy buen diente. Se come lo que le pongas delante sin chistar.
　この子は良く食べる。出されたものを口も利かずに全部平らげる。
　☞「良い歯を持つ」と「どんな食べ物が出ても食べられる」というところからさています。

tener sangre caliente　情にもろい、熱血漢である

Tiene sangre caliente. No creo que te traicione.

彼は情にもろい人だ。君を裏切ったりはしないと思う。

☞ その逆の「sangre fría」はさほど使いませんが、意味合いとしては「冷静な人」となります。近い表現に hacer algo a sangre fría（冷静に何かをする）があります。

tener ojos de lince　目がよい / 目ざとい

Con los ojos de lince que tienen Felipe, seguro que es bueno con tiro arco.

フェリペは目が凄くよいので、弓の的当てがうまいと思う。

Las mujeres tienen ojos de lince para ver las debilidades de las mujeres.

女性は女性の弱点に目ざとい。

☞ スペイン語では目のよい動物はヤマネコとされています。

tener tela (marinera)　とんでもない状況だ

Su situación tiene tela marinera.

この状況はとんでもないことだ。

☞ 後ろに para cortar をつけてもいいです。

tener un ojo a la funerala　目の周りがアザになっている

Nos peleamos ayer en la disco y me pusieron el ojo a la funerala.

昨日ディスコで喧嘩して、目の周りに青アザを作った。

Viejos amigos

Federico tiene malas pulgas¹ últimamente. Desde que perdió todos sus clientes por culpa de la crisis, no tiene dónde caerse muerto². Para más inri, el otro día se peleó con unos ladrones que iban a robarle, y en la trifulca, le golpearon hasta acabar molido a palos. Ahora tiene un ojo a la funerala³. Siempre dice que no las tiene todas con⁴ él. Que no sabe hasta dónde va a poder llegar, pero la crisis le ha pegado muy pero que muy fuerte. Tendrás la carne de gallina⁵ al ver lo mal que está últimamente. Ha pasado de ser un abogado de éxito que tenía al mundo a sus pies⁶, y también tenía ojos de lince⁷ para los buenos negocios, a estar viviendo con lo mínimo.

Somos amigos suyos desde hace años y tenemos la sangre caliente⁸. Sé que él tiene tela marinera⁹ y tratar con él es difícil, pero es muy buena persona y merece que pensemos en él y le ayudemos. ¿Le pegamos una llamada y vamos a tomar café con él? Tiene buen diente¹⁰, seguro que se apunta si lo invitamos a comer.

旧　友

　フェデリコは最近機嫌が悪い[1]。経済危機の結果すべての顧客を失ってからというもの、彼にはどこにも行き場がない[2]。おまけにこの間は彼に盗みを働こうとしたすりと殴り合いになり、乱闘の末にぼこぼこに殴られてしまって、全身打撲になった。今は目の周りに青あざを作っている[3]。いつもなんだか自信が持てない[4]とぼやいている。一体この先やっていけるのかわからないといっている。経済危機は彼のことを徹底的に打ちのめしたのだ。最近のひどい状況をみると鳥肌が立つ[5]ようだ。世界を跪かせ[6]、商機を逃さない目を持っていた[7]弁護士から、切り詰めた生活へと転がり落ていた。

　私たちは昔からの彼の友人で、しかも情に厚い[8]人間だと自負している。彼はひどい状況になっていて[9]、付き合いづらいのはわかっているが、根はいいやつだし彼のことを思いやって手助けしてやる価値はある。電話をかけて彼とお茶でもしに行かないか？　食いしん坊[10]だから、食事に誘ったらきっと出てくるよ。

tener

tener hambre canina　お腹がペコペコ

Desde ayer no he comido nada. Tengo un hambre canina.

　昨日から何も食べてない。お腹がペコペコだ。

☞「犬のようにお腹がすいた」転じて、「非常にお腹がすいた」となります。

tener memoria de elefante　記憶力が良い

El profesor recuerda el nombre de todos los alumnos. Tiene memoria de elefante.

　先生は生徒全員の名前を覚えている。たいへん記憶力が良い。

☞ この表現はスペイン語で頻繁に使います。「象の記憶」はどのようなものなのかはあまり誰もわかりませんが、とにかく「物覚えがうまい」や「記憶力が素晴らしい」と言いたい時に使います。

tener una rana/un nudo en la garganta　はっきりものを言えない

¿En qué ocasiones tienes un nudo en la garganta? —Pues... cuando tengo que decir algo muy comprometido.

　どんなときにはっきりものを言えなくなる？ ——そうだなあ、凄く責任がともなうことを言うときかな。

Cuando me dispuse a pedirle salir, tenía una rana en la garganta y no podía hablar.

　彼女にデートしてと言おうと思ったときに、喉に何か詰まって話せなくなってしまった。

☞「のどにカエル・結び目ができる」は話しづらい時のたとえとなり、どちらかというと後者の方が頻度が高いです。

tener cabeza de chorlito　バカである

¡Nadie ha aprobado este examen! ¡Tenéis cabeza de chorlito! ¡A estudiar!

　誰もこの試験に合格しなかった！ お前らはバカだ！ 勉強しろ！

☞ chorlito は「千鳥」です。この鳥は巣を木の上ではなく、地面に作って、卵を危険にさらすので、知能が低いとされ、バカのたとえになりました。

tener un corazón de oro　優しい、寛大だ

Tener un corazón de oro no es algo que se gana porque uno quiere, sino porque se esfuerza día a día para ayudar a los demás sin que se lo pidan.

寛大さとは望んで得られるものではなく、誰にも頼まれず日々他人を助ける努力をしているから身につく。

tener resaca　二日酔いである

Con la resaca que tengo hoy, no tengo pizca de ganas de ir a clase.
こんな二日酔いでは授業に行く気は全く起きない。

Yo tengo resaca con beber dos cervezas.
2本もビールを飲んだので二日酔いだ。

☞ 重い二日酔いは、tener resacón（resaca + -ón）を使います。ラテンアメリカでは、tener una cruda もよく聞きます。

tener frescura　斬新である

¡Vaya frescura que tiene esa película!
その映画は斬新だなあ！

tener ＋物／人 entre ceja y ceja　～がいやになる

El profesor de historia me tiene entre ceja y ceja. Las voy a pasar canutas en el examen oral.

歴史の先生は私のことが嫌いだ。口頭試験はひどいことになるだろう。

EEUU tenía entre ceja y ceja a la Unión Soviética en los ochenta.
80年代にアメリカはソ連を嫌っていた。

☞ metérsele a ＋人＋物 entre ceja y ceja も使います。

tener a ＋人／物 en el bolsillo　味方に引き込んでいる

Tranquilo. Ya tengo a esa empresa en el bolsillo. Seguro que nos da trabajo.

落ち着け。あの会社には根回しをしてある。われわれに仕事をくれるぞ。

☞ meterse en el bolsillo a ＋人　も使います。

Cambios con la edad

Los niños tienen hambre canina[1] y memoria de elefante[2]. Es impresionante cómo se deterioran las cualidades del hombre a medida que crece. A medida que nos hacemos viejos, necesitamos comer menos para conservar el cuerpo y olvidamos más cosas, más a menudo. Tenemos un nudo en la garganta[3] cuando tenemos algo en la punta de la lengua, pero nos damos cuenta de que ya, esa información no está ahí. Pertenece al dominio del olvido. Darse cuenta de esto es triste, por eso se nos hace un nudo en la garganta. No es que de buenas a primeras, tengamos cabeza de chorlito[4], pero sí hay que reconocer que nuestras capacidades degeneran. Teníamos frescura[5] y grandes cualidades, pero con los años, somos más generosos, muchos llegamos a tener un corazón de oro[6] y la holgura de tener la capacidad y ganas de enseñar a las generaciones venideras. A altas edades, es más fácil conseguir tener a alguien en el bolsillo[7] a través de charlas serias llenas de sabiduría. No obstante, cuando se tiene algo entre ceja y ceja[8], cada vez hay más cosas que uno detesta. Hay que tener más cuidado con lo que se dice y se hace. Ah, y la edad... no nos permite tantas juergas como antes, pues la resaca que tenemos[9] al final es brutal. Eso sí que es triste.

年齢による変化

　子供達は食欲旺盛¹で記憶力もよい²。成長するにつれて人間の能力が劣化していくのは興味深いことだ。老化するにつれて、身体を維持するためには食事を減らさねばならなくなり、色々なことをますます忘れやすくなる。何か言おうとしても口から出てこなくなり³、そしてそもそもそれを覚えていなかったことに気づいたりする。もはや忘却のとりこになっている。それに気づくのは悲しいことだ。だから口から言葉が出てこなくなる気がするのだ。いきなりバカになってしまう⁴訳ではないが、能力が退化してゆくことを認めなければならない。斬新さ⁵と才能を持っていたとしても、年齢とともにより寛大になり、やさしく⁶なり、次世代にものを教える余裕と能力を身につけてゆく。高齢になれば智恵に満ちたお話をすることで他人を味方につける⁷ことも容易になる。しかしながら何かが気に入らなくなる⁸と、段々と嫌いなものが増えてゆく。言ったりしたりすることには気を付けないとならない。ああ、そして年をとると、昔ほどバカ騒ぎはできなくなる。二日酔い⁹が恐ろしいほどになるから。それはたしかに哀しいことだ。

abrir と *cerrar*

● abrir la boca　口を開く、話し始める
Nadie quiere abrir la boca y pasó un ángel.
　誰も口を開こうとせず、しーんとしてしまった。

● abrir fuego　砲撃開始する、戦いの火ぶたを切る
El ejército mexicano abrió el fuego contra España para lograr la independencia.
　メキシコ軍は独立のためにスペインとの戦いの火ぶたを切った。

● abrir el juego　ゲームを始める
El delantero abrió el juego con su gol en el primer minuto.
　そのフォワードは最初の一分でゴールを決めてゲームの口火を切った。
　☞ 日本語でもゲームを「開」始しますね。

● abrir la mano　散財する
La Navidad es cuando los padres abren la mano para sus hijos.
　クリスマスは両親が子供にお金を使う時期だ。

● abrir los oídos　注意深く聞く
Hay que abrir los oídos para sentir el susurro de la nieve.
　雪のさらさらした音を感じるには、耳をそばだてなければならない。

● abrir los ojos　注意深く見る
Abre los ojos y descubre lo que está detrás.
　注意深く見て、背後関係を見つけなさい。
　☞「目を見開く」という表現に似ています。

● abrir la puerta/paso a　道筋をつける
Este aparato abre paso a la investigación científica del abismo marino.
　この機器は、深海探査への新しい道を開くものです。

● abrirse paso　道を切り開く
En apuros, hay que buscar la manera de abrirse paso.
　窮地に陥っているときは、切り抜ける方法を探さなければならない。

abrir su pecho　胸襟を開く

Los japoneses abren su pecho cuando están borrachos.
　日本人は酔うと胸襟を開く。

Cuando una puerta se cierra, otra se abre.　捨てる神あれば拾う神あり

No te preocupes demasiado por este fracaso. Cuando una puerta se cierra, otra se abre.
　あまりこの失敗のことを気にするな。捨てる神あれば拾う神ありだ。

☞ スペイン語では「神」ではなくて「ドア」の話になっています。

cerrar a cal y canto　厳重に戸締りする

Fui a pedirle perdón a mi novia pero la puerta de su piso estaba cerrada a cal y canto y no pude ni verla.
　彼女に謝りに行ったが、彼女のマンションのドアは固く閉ざされて会うこともできなかった。

☞ 石膏と砂利で閉じる、つまり「セメントで固める」という意味です。cerrar con dos vueltas とも言えます。

cerrado de mollera　物分かりが悪い / 頑固である

Él es cerrado de mollera. No quiere hacer nada de lo que decimos.
　彼は頑固だ。我々がいうことを何もしたがらない。

☞ mollera は幼児だけにある頭蓋骨の隙間のことで、つまり「大人になって頭が固くなる」ということです。

cerrar el grifo　節約する

Los japoneses cierran el grifo porque la economía está en recesión.
　景気が後退しているので、日本人は色々と節約している。

☞ もともとは「蛇口を閉める」という意味。

cerrar la mano　ケチる

Mi madre cierra la mano porque papá está en paro.
　私の母は父が失業しているので、財布のひもが固い。

Quejas de mi hermano

Mi hermano y yo llevamos bien. Él abre su pecho[1] conmigo. Pero cada vez que mi hermano abre la boca[2], se abre el fuego[3] en el campeonato familiar de quién es el más tacaño en casa. Mi hermano es tan cerrado de mollera[4] que no sabe abrir ni los oídos ni los ojos[5] para ver qué está pasando fuera de la familia. Hoy él ha abierto su juego[6] favorito quejándose de que nuestros padres le están cerrando la mano[7] más de lo necesario. Desde hace mucho tiempo él ha querido estudiar en el extranjero, pero no le dejan. Lo que pasa es que la economía nacional está en recesión y el gobierno cierra la caja a cal y canto[8], especialmente en el ámbito educacional. En esta situación, uno tiene que abrirse paso[9] por sí solo. Supongo que hay alguna organización extranjera de intercambio internacional que ofrece becas. Esa podría ser la oportunidad de escapar de casa tan anhelada por mi hermano. Cuando una puerta se cierra, otra se abre[10].

兄のグチ

　私と兄は仲が良い。彼は私に胸襟を開いて[1]話をしてくれる。しかし彼が口を開く[2]たびに家族のうちで誰が一番ケチか大会の火蓋が切って落とされて[3]しまう。彼は家庭のそとでは何が起きているのかを見聞きすることもできない[5]くらい物分かりが悪い[4]。今日は両親が彼に対して必要以上にお金を出してくれない[7]という不平でいつものゲームを始めた[6]。ずっと前から彼は海外で勉強したいと願っているのだが、両親はそれを許さない。実際今は不況なので、政府も教育の分野では金庫に固く鍵をかけて[8]しまっている。この状況では人は自分自身で道を切り開く[9]しかない。おそらくどこか外国の国際交流機関が奨学金を出しているだろう。兄が憧れる、実家を出るチャンスかもしれない。捨てる神あれば拾う神ありだ[10]。

ganar と *perder*

● ganar terreno　居場所を得る

La opinión de los ultras está ganando terreno en todo el mundo.
　極右の意見は世界中で勢力を伸ばしている。

　☞ terreno は「土地」のこと、つまり「領地や版図が広がる」ということ。

● ganar puntos　点数を稼ぐ、評判がよくなる

El sabelotodo de la clase quiere ganar puntos contestando a todas las preguntas del profesor pero está perdiéndolos en realidad.
　クラスの知ったかぶり君は先生の質問すべてに答えて点数を稼いでいるつもりだが、実際は点数を失っている。

　☞ perder puntos で「点数を失う、評判が悪くなる」になります。

● ganar la carrera a　〜を上回る

Las ventas de Megasoft gana la carrera a las de Sanny.
　メガソフト社の売上はサニー社のものを上回っている。

● ganar tiempo　時間を稼ぐ

¡Corre y no mires atrás! Voy a ganar tiempo aquí.
　走れ！　振り向くな！　おれがここで時間を稼ぐぜ。

● ganarse la vida/el pan　生活費を稼ぐ

Tengo que hacer horas extras para ganarme la vida.
　生活費を稼ぐために残業しなければならない。

　☞ これに限らず定冠詞つきの名詞は「〜代」という意味で使われます。ここの場合 la vida は「生活費」、el pan は「パン代」という意味。

● perder terreno　居場所を失う

La moral que compartíamos solo hace 10 años está perdiendo terreno últimamente.
　たった十年前に共有されていたモラルは最近急速に失われている。

● perder la silla　居場所を失う

Quien no tiene ninguna opinión personal va a perder la silla en la sociedad moderna.

個人の意見を持たない者は現代社会では居場所を失うだろう。

☞ 学校や組織で自分の席が無いということから出た表現。

● perder el juicio　正気を失う

Cuando su hijo le dijo que se muriera, Alejandro se enfadó hasta casi perder el juicio.

アレハンドロは息子が彼に向って死ねよといったときに、我を忘れるくらい怒った。

☞ el juicio はこの場合は「理性」という意味。

● no tener nada que perder　失うものがない

Voy a decírselo directamente. No te preocupes. No tengo nada que perder.

奴に直接言ってやる。心配するな。俺には失うものはないんだ。

● perder el último tren　最後のチャンスを失う

Búscate una mujer, ya tienes cerca de cuarenta años, vas a perder el último tren, ¿eh?

奥さんを見つけろよ。もう40近いんだろ。最後のチャンスを逃すぞ。

☞ 「終電を逃す」という意味。

● perder la cabeza　正気を失う

El atracador de la tienda de 24 horas perdió la cabeza y disparó su pistola seis veces al pecho del empleado.

24時間営業の店を襲った強盗は正気を失って、店員の胸にピストルを6発撃ち込んだ。

☞ この場合の la cabeza も「理性」や「判断力」という意味。

Qué hacer en la juventud

Después de graduarse de la escuela, lo más importante es ganar terreno[1] en la sociedad para ganarse la vida[2]. Los jóvenes aún no tienen nada que perder[3] por lo tanto no tienen que preocuparse demasiado en ganar o perder puntos[4] en lo que hacen. Como no se puede prever lo que sucede en el futuro la manera única de ganar una silla es esforzarse. Al principio, el trabajo no da fruto tan fácilmente como se piensa, pero poco a poco ese esfuerzo te cambia la vida. En la sociedad actual, donde se ve de reojo el esfuerzo, hay gente que te pregunta si has perdido la cabeza[5] o te dice que estás perdiendo el tiempo si te esfuerzas demasiado en cosas que no dan frutos inmediatos, pero no hay que hacer caso. La vida es breve y mucho más la juventud. Se dice que es mejor tarde que nunca pero lo mejor es empezar lo que quieres ahora mismo y no atrasarlo. No dejes para mañana lo que puedes hacer hoy.

青春時代に何をするか

　学校を卒業した後に一番大事なのは、社会で居場所を得て[1]生活費を稼ぐ[2]ことだ。若者はまだ失うものは何も無い[3]のだから、自分のやっていることで評価が上がったり下がったり[4]することを気にしすぎる必要はない。未来に起きることを予見することはできないのだから、居場所を得る唯一の方法は努力することだ。最初は思うほど簡単に仕事の成果は出ないだろうが、努力は少しずつ人生を変えてくれる。現代の社会では努力は横目で見られがちで、頭がおかしい[5]のかと聞かれたり、すぐに結果の出ないことにあまりにも力を入れるのは時間のムダだといわれたりするが、耳を貸すことはない。人生は短く、青春はさらに短い。よくやらないよりは遅れたほうがましというが、一番いいのはやりたいことを今すぐ始めて後に回さないことだ。今日できることを明日に延ばしてはいけない。

* de reojo：横目で見る

ir

ir sobre ruedas　順調に進む

La relación va sobre ruedas.
　関係はうまくいっている。

Este proyecto va sobre ruedas. Lo podremos lanzar en las fechas previstas.
　この計画はうまくいっている。予定の日付に発売できる。
　☞ もともとは「車輪に乗っている」という意味。

ir como una exhalación　全速力で行動をする

Gabriel se fue como una exhalación al saber que habían hospitalizado a un buen amigo.
　ガブリエルは親友が入院したと聞いて、全速力で出て行った。

ir despistado　ぼんやりしている

Este niño va muy despistado en los estudios. Va a ser mejor que le pongan clases particulares.
　この子は勉強しているとき上の空だ。個人授業を受けさせたほうがいい。
　☞ despistado は「気が散っている」という意味。

ir ciego　酔っぱらっている

Los viernes por la noche no es raro encontrarse estudiantes que van ciegos por la calle.
　金曜日の夜は酔っぱらっている学生を通りで見かけることも珍しくない。
　☞ これは「目が見えない」のではなく、「酔っぱらっているので、何をやっているのかわからない」です。

ir cuesta abajo　坂を下る

Hay que tener cuidado al ir cuesta abajo en bicicleta.
　自転車で坂を下るときは気を付けないといけない。
　☞ abajo は「下のほうに」という意味。

ir hecho un Adán　汚らしい身なりをしている

Hoy vas hecho un Adán... ¿No tenías reunión con el jefe? Ya sabes como se pone...

今日は身なりが悪いな。上司と会議じゃないのか？ 彼がどう思うかわかるだろうに。

☞ アダムは葉っぱを一枚身につけていただけなので、そこから来た表現。

irse al agua　失敗する

Mi sueño se fue al agua en el momento que decidí mudarme a Suecia con mi novia.

彼女とスウェーデンに移住しようと決めたときに、私の夢は破れた。

ir a su aire　好きなように振る舞う

Déjalo, va a su aire. Ya se dará cuenta de que debe comunicarse mejor con todos nosotros.

放っておけ、好き勝手やっているんだ。すぐにみんなともっとうまくコミュニケーションしなければならないと気づくよ。

☞ aire は「空気」という意味ですが、時に「雰囲気」や「振る舞い」という意味でも使われます。

írsele el alma　我を忘れる

Se le fue el alma al enterarse de la catástrofe.

その最悪の事態のことを知ったとたんに彼は我を忘れてしまった。

ir de aquí para allá　行き当たりばったりだ、めちゃくちゃだ

En verano vamos de aquí para allá hasta los topes de trabajo.

この夏はめちゃくちゃに仕事が忙しかった。

ir en aumento　増大する

El paro va en aumento debido a la coyuntura económica.

経済情勢のために失業が増えている。

☞ aumento は「増加」という意味。

ir con cuidado　気を付ける

Ve con cuidado al conducir, ¿vale?

気を付けて運転していきなさい、わかった？

El trabajo

La ética en el trabajo es muy importante. No se puede ir como una exhalación[1] en una oficina llena de gente. Eso puede provocar accidentes. Tampoco se puede ir ciego[2] tras beber alcohol con los clientes ni, claro está, ir hecho un Adán[3], sudado, con la ropa de cualquier manera. En el trabajo, nadie puede ir a su aire[4], pues cualquier empresa que va sobre ruedas[5], puede irse al agua[6] por alguien que va despistado[7] o que va frenético de aquí para allá[8] sin pensar en las consecuencias de sus acciones. Y cuando algo empieza a ir mal, sigue yendo cuesta abajo[9] por un buen rato. Se me va el alma[10] pensar que me puedo quedar de patitas en la calle por un error propio o de cualquier persona, pero vale la pena. Gracias a mi trabajo, he conocido a mucha gente, tengo más experiencia y siento que disfruto más de la vida.

仕　事

　職業上の倫理というのは非常に大事だ。人でいっぱいのオフィスで<u>他人を無視して行動する</u>[1]ことはできない。それは事故の元だ。顧客とお酒を飲んだ後に<u>酔っぱらって</u>[2]仕事することもできない、あたりまえだが、<u>ボロボロの服を着たり</u>[3]汗まみれだったり、好き勝手な身なりで仕事をすることもできない。仕事では<u>好き勝手な行動</u>[4]は許されない。<u>うまくいっている</u>[5]会社でも、<u>ぼんやりしている</u>[7]やつや<u>後先考えないやつ</u>[8]のせいで<u>失敗する</u>[6]こともある。一度うまくいかなくなるとしばらくは<u>下り坂</u>[9]のままだ。自分や他人の失敗のせいで通りにはいつくばる羽目になるかと思うと<u>ぞっとする</u>[10]が、仕事にはやる価値がある。仕事のおかげで様々な人と知り合い、経験を積んだので、人生をより楽しめていると思う。

venir

venirse abajo　崩れる

La empresa se vino abajo por los efectos del Lehman Shock.
　リーマンショックの影響で会社が倒産した。

Todos nos vinimos abajo al saber que Leticia se divorciaba.
　レティシアが結婚すると知って私達みんなが落ち込んだ。

venir agradable al paladar　口当たりがよい

El sorbete viene agradable al paladar.
　シャーベットは口当たりがよいものだ。

☞ paladar は「口蓋」のことなので、そのまま「口当たりがよい」という意味ですね。

venir como anillo al dedo　ちょうどよい、都合がよい

Los móviles nos vienen como anillo al dedo en la sociedad moderna.
　現代社会では、携帯電話は私たちにとって都合のよいものだ。

☞ venir bien と同じ。

venir arcadas　気持ちが悪い、吐き気がする

Después de la juerga de anoche me vino arcadas tremendas.
　昨日のどんちゃん騒ぎの後ものすごく気持ち悪くなった。

☞ この arcada は「吐き気」の意味です。

venir de arriba　神様・上層部からいただく

La orden viene de arriba, así que no hay más remedio que acatarla.
　指示は上から来るから従うよりほかに仕方がない。

venir de atrás　昔から続いている状況

Los problemas vienen de atrás. Me extraña que no haya explotado todo antes.
　問題はずっと前からのものだ。もっと前に全部ダメになっていないのが不思議だ。

Todo este viene de muy atrás y no de la noche a la mañana, por eso ha conseguido ese contrato. Se lo ha trabajado a lo largo de varios años.
　これは一朝一夕に始まったことではなくてずっと前からのことだ。だか

ら契約が取れた。何年もかけて仕事をしてきたんだ。

☞ atrás は位置関係だけではなく、時間の表現としても使います。

venir con camelos/canciones　たらればの話を持ち掛ける

No me vengas con camelos. No me puedo creer que ese coche sea tan barato.

そんな夢みたいなことをいうなよ。この車がそんなに安いなんて思えない。

☞ camelo も canción も実現性の低いものの比喩で使われています。

venir al caso　関係がある

Lo que acabas de decir viene al caso.

君がいま言ったことは関係がある。

No viene al caso que quieras venirte a vivir conmigo. Ahora estamos hablando de otra cosa.

私と一緒に暮らしたいとかそういうことは今は関係が無い。ほかのことを話しているんだ。

Estaciones

La estaciones de tren, especialmente las principales, son lugares peculiares. Por ellas pasan semanalmente millones de personas. Hay puestos que venden todo tipo de dulces para picar que vienen muy agradables al paladar[1] en cualquier momento del día o todo tipo de productos que vienen como anillo al dedo[2] en multitud de ocasiones. Corbatas para un funeral, artículos de papelería, sobres, sellos, etc. También hay gente que viene con camelos[3] vendiendo algo, o repartiendo folletos, o intentando hacer que firmes una encuesta sobre quién sabe qué. Hay que ir con mucho cuidado[4], pues los robos en las estaciones son muy comunes. Por la noche no es raro ver a jóvenes y adultos a los que les vienen arcadas[5] tras unas intensas horas bebiendo alcohol. Y toda esta cultura de la estación viene de muy, muy atrás[6]. En la mayoría de las grandes ciudades, las estaciones son el núcleo alrededor del cual se desarrolla la vida diaria.

駅

　電車の駅は、特に主要な駅は、特別な場所だ。毎週何百万人もの利用者がいる。いつ食べてもおいしい[1]様々なお菓子を売る出店が出ていたり、色々な場面にうってつけの[2]便利なものを売っていたりする。葬式用のネクタイ、文房具、封筒、切手等など。もしくはありそうに無いことをいう[3]物売りやチラシ配りやなんだかわからないアンケートなどもやっていたりする。また、気を付けて[4]行動しなくてはならない。というのも駅で泥棒にあうのは極めてよくあることだからだ。夜には飲みすぎて吐き気を催している[5]若者や年配の人を良く見かける。この駅の文化は凄く昔からのことだ[6]。大都市の多くでは、駅は日常生活の中心なのだ。

andar

a todo andar　全速力で

No podemos llegar a tiempo si no vamos a todo andar.

全速力で行かないと間に合わないよ。

☞ andar は現代語では「歩く」という意味ですが、もともとは「移動する、行く」という意味で使われていました。つまり「全力で移動する」ということ。

¡Anda a paseo!　あっちへ行け！

Me estás molestando. ¡Anda a paseo!

うっとうしいんだよ！　どっかへ行ってくれ！

☞ Vete a ＋動詞 / 名詞 などでも同じ表現がたくさんあります。「自分の邪魔をしないで他の場所にしばらく行ってくれ」という表現。

Pues, anda que tú.　いや、お前もだろ

Mi hermano es muy vago. Sale de la habitación nada más que para ir al trabajo. —Pues, anda que tú.

私の弟は凄くめんどくさがりだ。仕事以外は部屋から出ない。
——いや、お前もだろう。

a largo andar　そのうち

Necesitaremos mejorar el sistema educativo a largo andar.

そのうち教育システムを改良しなければならないだろう。

☞ この andar は「道のり」というような意味。

a mejor/peor andar　うまくいけば / 悪くとも

Creo que la investigación va a terminar esta noche a mejor andar.

うまくいけばこの調査は今夜には終わると思う。

andar en boca de todos　噂になる

Desde que empezó a salir con Nuria, Germán anda en boca de todos.

ヌリアと付き合い始めてから、ヘルマンは噂の的だ。

andar de cabeza　あわてる

Me parece que andas de cabeza desde que vine aquí. ¿Qué te pasa?

私がここに来てからずっとあわててるみたいだけど。どうしたの？

☞あわて過ぎて逆さまになって頭で歩くという戯画的表現。

de andar por casa　普段着の、簡略な

No entiendo nada de lo que dices. Necesito explicaciones de andar por casa.

　君の言っていることが一言もわからない。もう少し簡単に説明してくれないか。

☞もともとは「自宅を歩くような」という意味。

andar de la Ceca a la Meca　あちこち駆けずり回る

Tuve que andar de la Ceca a la Meca para encontrar un trabajo digno.

　まともな仕事を得るために駆けずり回らなければならなかった。

☞la ceca は「造幣局」のこと、そこからメッカまで歩くということですが、一説によるとこの表現が生まれた時代の造幣局は（スペインの）コルドバにあったそうです。

andar/ir de copas　飲み歩く

Los estudiantes universitarios andan de copas los fines de semana.

　大学生たちは週末になると飲み歩いている。

☞andar(ir) de ＋名詞 で「〈名詞〉をしに行く」という意味。

Crear y consumir

Hace unos meses empecé a escribir una novela. No es una muy literaria, sino de andar por casa[1] o para los jóvenes. A mejor andar[2], terminaré de escribirla a finales de este mes. Se lo dije a una amiga de la escuela y al día siguiente lo de la novela ya andaba en boca de todos[3]. Incluso algunos vinieron con tonterías y tuve que gritarles "¡Anda a paseo[4]!". Ese día fue como una pesadilla y tuve que ir de la Ceca a la Meca para esconderme. No sé porqué todos se pusieron a andar de cabeza[5] al saber que una de sus compañeras escribe novelas. Yo de pequeña iba mucho a la biblioteca y leía libros de todo tipo. Hasta ahora he estado leyendo un montón pero me siento un poco frustrada porque leer es un acto de consumir y no de crear. Quiero ser creadora de algo. A lo mejor no me entiendes ahora pero a largo andar[6] comprenderás lo que te estoy diciendo.

創造することと消費すること

　数か月前に小説を書き始めた。文学的なものではなくて普段着のような[1]若者向けのものだ。うまくいけば[2]今月末に書き終える。学校の友達の一人にそれを言ったら、次の日にはみんなの噂になって[3]いた。しかも何人かはバカなことを言いにやってきたので、「どっかいって[4]！」と叫ばなければならなかった。その日はまるで悪夢のようで、隠れるためにあちこち駆けずり回らなければならなかった。同級生が小説を書いているからってなぜみんながあわて[5]なければいけないのか分からない。私は小さなころはよく図書館にいって色々な本を読んでいた。今に至るまでずっと読んできているがちょっと満足できないのは読書は消費行為であって創造する行為ではないから。私は創造する側になりたい。今は私の言っていることが君は分からないかもしれないけれど、そのうち[6]分かるようになると思う。

salir と entrar

salir ＋現在分詞　〜をし出す

Salió corriendo de alegría cuando supo que había aprobado.
　彼は合格したことを知って喜びで駆け出した。

Después de la universidad, salí trabajando para una gran multinacional.
　私は大学の後は多国籍企業で働き始めた。

☞ ponerse a ＋動詞と同じで、「何かをし始める」という意味。

salir ＋過去分詞　〜される

Los soldados salieron muertos de las maniobras ayer.
　昨日兵士達は計略でやられて死んだ。

Ellos han salido comidos. Hasta llegar no tendrán hambre.
　彼らは食事をしてから出かけた。到着までお腹はすかないだろう。

estar salido　スケベである、発情している

Ese viejo está muy salido. Mejor no acercarse.
　そのジジイはスケベだぞ。近づかないほうがいい。

salir disparado　走り出す

El galgo salió disparado nada más oír el pistoletazo.
　そのグレーハウンドは銃声を聞くとすぐに走り出した。

☞ disparar は「弾丸を撃つ」という意味。

salirse de sus casillas　癇癪を起こす

Me he salido de mis casillas al escuchar tus palabras.
　お前の言葉を聞いて腹が煮えくり返った。

☞ sacar de sus casillas も使えます。

salir de Guatemala para meterse en Guatepeor　状況が悪化する

Acabamos de salir de Guatemala para meternos en Guatepeor.
　問題を回避したと思ったらもっとひどい問題に突っ込んでしまった。

☞ Guatemala の最後の -mala の部分を利用した冗談が定着したもの。

entrar con buen pie　最初はうまくいく

Para entrar con buen pie en un nuevo año, lo mejor es cerrar todos los asuntos pendientes antes de que termine el año.

　新年をうまく始めようと思ったら今年が終わる前にやりかけの件を全て終わらせることだ。

entrar por un oído y salir por el otro　右から左に抜ける

Tengo tantas cosas que hacer que lo que me dices me entra por un oído y me sale por el otro. No tengo tiempo para procesar.

　やることが多過ぎて君が言うことは右から左に抜けてしまう。処理するヒマがないんだ。

　☞「耳から耳に抜ける」という意味。日本語でも似た表現がありますね。

entrar como Pedro por su casa　主のような顔で入る

A este tipo no lo conoce nadie, pero entra como Pedro por su casa. ¿Por qué será?

　コイツは誰も知らない奴だが、主のような顔をして家に入ってきた。なぜだ？

　☞ San Pedro は鍵を表す聖人であり、出入りを管理する立場を表しています。

La lotería

Todo el mundo estaba expectante ante la televisión del bar del barrio. Estaban a punto de anunciar los números ganadores de la lotería. Todos estaban deseosos de comenzar con buen pie el nuevo año, por ello, quien más y quien menos, había comprado unos cuantos cupones de lotería. En diciembre, casi todos los españoles se rascan el bolsillo para comprar cupones. Es una tradición. Y en la época, la situación económica no era precisamente la mejor. Los vecinos no paraban de salir de Guatemala para meterse en Guatepeor[1]. Tenían esperanza por que les cayera un pellizco que al menos aliviara su situación.

Ernesto, el hijo del mecánico del barrio, entraba siempre como Pedro por su casa[2] en el bar (su padre e Íñigo, el dueño del bar, eran íntimos amigos). Se sentó y comenzó la espera. Tardaba tanto que la gente empezaba a salirse de sus casillas[3]. Las noticias anteriores a la lotería, les entraban a todos por un oído y les salían por el otro[4]. Por fin llegó en momento:

—El número ganador es: 8-4-3-8-1. ¡84381!

De súbito, se oyó un estruendo en el bar. La mayoría salió decepcionado[5] de la noticia, pues claro está, no les había tocado. Pero algunos, los menos, gritaron de alegría. A unos les tocó el reintegro, a otros premios menores, pero la mayor suerte la tuvo Ernesto, cuyo décimo lo había comprado junto a su novia Merche.

En cuanto oyó el número, exploró con la mirada el número que llevaba y... de pronto, salió disparado[6] y gritando a la calle en busca de su novia.

Los Reyes Magos habían llegado a la casa de Ernesto.

宝くじ

　みんなが地区のバルのテレビの前でじっと見守っていた。宝くじの当選番号が発表されるところだったのだ。みんなが新年を幸先よくはじめたいと思っていた、だから程度の差はあっても、みんなが宝くじを買っていた。12月には、スペイン人の多くはくじを買うために有り金をはたくのだ。それが伝統なのだ。この時代は経済状況は良いとはいえなかった。悪い状況から脱したと思ってももっと悪い状況に陥ったり[1]していた。状況がすこしでも良くなるようにちょっとお金が入ってくることを期待していた。

　エルネストは地域の修理工の息子だが、そのバルではいつも大きな顔をしていた[2]（彼の父とバルの主人のイニゴは親友だった）。席についてそのときを待ち始めた。あまりにも時間がかかるので人々はイライラし[3]始めた。宝くじの前のニュースは片方の耳から入って反対側から抜けていって[4]いた。とうとうそのときが来た。

　当選番号は84381です。84381！

　ふいにバルにがやがやと騒音が響いた。ほとんどの人はニュースを聞いてがっかりした[5]。もちろん彼らは当選しなかったのだ。しかしいくらかの人は、ごくわずかだが、喜びの叫びを上げた。何人かは宝くじ代くらいは取り戻し、他の何人かはちょっとだけ当選したが、エルネストが一番のあたりをひいた。そのくじは恋人のメルチェと一緒に買ったものだった。

　番号を聞くと、自分の持っていた番号を目で探して……突然恋人の元へ叫びながら通りへ駆け出して[6]いった。

　三賢者がエルネストの家にやってきたのだ。

* Los Reyes Magos：東方の三賢者。キリストに贈り物を持ってきたという説話から、スペイン語圏でのサンタクロースの役割を持っている。

索　引

A

a largo andar *188*
a mejor/peor andar *188*
a todo andar *188*
abrir el juego *172*
abrir fuego *172*
abrir la boca *172*
abrir la mano *172*
abrir la puerta a *172*
abrir los oídos *172*
abrir los ojos *172*
abrir paso a *172*
abrir su pecho *173*
abrirse paso *172*
ahora caigo *92*
¡Anda a paseo! *188*
andar de cabeza *188*
andar de copas *189*
andar de la Ceca a la Meca *189*
andar en boca de todos *188*

C

caer a ＋人 bien/mal *92*
caer a ＋人＋形容詞/副詞 *92*
caer a plomo *93*
caer al vacío *93*
caer de las nubes *93*
caer de ＋体の場所 *93*
caer del nido *93*
caer en cama *92*
caer en desgracia *93*
caer en la cuenta de *93*
caer en la red *92*
caer en la trampa *92*
caer enfermo *92*
caer gordo a ＋人 *92*
caer redondo *93*
caerse a plomo *93*
caerse redondo *93*
cerrado de mollera *173*
cerrar a cal y canto *173*
cerrar el grifo *173*
cerrar la mano *173*
chupar banquillo *122*
chupar del bote *122*
chupar la sangre a ＋人 *122*
chupar rueda *122*
chuparse el dedo *122*
chuparse los dedos *122*
¡Chúpate ésa! *122*
coger a la primera *128*
coger a ＋人 bajo su manto *144*
coger al vuelo *128*
coger cariño a ＋人 *140*
coger carrerilla *140*
coger cita con *129*
coger con alfileres *132*
coger con las manos en la masa *128*
coger con pinzas *132*
coger de nuevas *133*
coger desprevenido/a *140*
coger el rábano por las hojas *128*
coger el ritmo *129*

coger el teléfono *132*
coger el toro por los cuernos *128*
coger el tranquillo *140*
coger el tren en marcha *133*
coger el truco *145*
coger fuerza *141*
coger in fraganti *136*
coger la palabra *145*
coger la sartén por el mango *133*
coger la vena de ＋不定詞/名詞 *145*
coger las de Villadiego *144*
coger las riendas *140*
coger los billetes *137*
coger manía *141*
coger mesa *137*
coger por banda *136*
coger por sorpresa *137*
coger un berrinche *136*
coger un curso *129*
coger una borrachera *141*
coger una buena *137*
coger una idea *133*
coger una perra *136*
coger una reunión con *129*
coger vacaciones *132*
coger y ＋動詞 *128*
coger ＋乗り物 *132*
coger ＋道 *137*
coger ＋病気 *129*
cogerla con *141*
cogerle el gusto a ＋物 *136*
cogerlo *144*
cogerse los dedos *144*

Cuando una puerta se cierra, otra se abre. *173*

D

dar a conocer *36*
dar a ＋人 / 物 con ＋物 *28*
dar alivio a ＋人 *32*
dar asco *28*
dar autorización *40*
dar cabezadas *32*
dar calabazas *33*
dar con ＋人 / 物 *29*
dar con ＋物 *28*
dar cosa a ＋人 *36*
dar de alta a ＋人 *32*
dar de baja a ＋人 / 物 *32*
dar de sí *37*
dar en el clavo *33*
dar fruto *44*
dar gusto a ＋人 *32*
dar igual *29*
dar la cara *33*
dar la espalda *29*
dar la lata *36*
dar la paliza *44*
dar la plasta *45*
dar la sensación de *37*
dar la vuelta a ＋物 *29*
dar lástima *37*
dar lugar a *44*
dar mala espina a ＋人 *36*
dar miedo *28*
dar paso a *41*

dar pena *37*
dar pereza *40*
dar plantón a ＋人 *33*
dar por *45*
dar rabia *28*
dar un ojo por *44*
dar un paseo *41*
dar un salto *41*
dar un suspiro *40*
dar una patada a ＋人 / 物 *28*
dar vértigo *41*
dar vueltas a ＋物 *29*
darse a la fuga *37*
darse cuenta de ＋物 *32*
darse la mano *41*
darse prisa *45*
darse un pico *44*
dársela a ＋人 *36*
dárselas de *40*
de andar por casa *189*
de ser posible *84*
dejarse llevar por la corriente *105*

E

echar a los lobos *118*
echar a rodar *119*
echar abajo *118*
echar chispas *118*
echar de menos *118*
echar en cara *118*
echar flores *118*
echar humo *118*
echar la culpa *119*

echar raíces *119*
echar una bronca *119*
echar una mano *119*
echarse flores *118*
echarse a ＋不定詞 / 物 *118*
entrar como Pedro por su casa *193*
entrar con buen pie *193*
entrar por un oído y salir por el otro *193*
estar a dos velas *69*
estar a lo que haya/salga *60*
estar a punto de ＋不定詞 *56*
estar a sus anchas *61*
estar a un tris de *56*
estar a ＋日付 *60*
estar al caer *69*
estar al corriente de *68*
estar apurado *68*
estar calado (hasta los huesos) *60*
estar cansado de *57*
estar chupado *122*
estar como pez en el agua *61*
estar de acuerdo con ＋人 *69*
estar de buen/mal humor *72*
estar de más *61*
estar de paso *72*
estar de sobra *64*
estar de ＋職業 *68*
estar en Babia *73*
estar en brazos de Morfeo *73*
estar en condiciones de *64*
estar en el limbo *72*

estar en la luna *64*
estar en las nubes *64*
estar en sí *65*
estar en todo *72*
estar en vías de *57*
estar en vilo *61*
estar entre *57*
estar fuera de sí *65*
estar harto de *56*
estar hecho una fiera *68*
estar loco de remate *73*
estar para *60*
estar pasado de rosca *72*
estar pendiente de *68*
estar pez *73*
estar por *56*
estar que *57*
estar que uno rabia *64*
estar que uno se cae *60*
estar salido *192*
estar sin blanca *64*

G

ganar la carrera a *176*
ganar puntos *176*
ganar terreno *176*
ganar tiempo *176*
ganarse el pan *176*
ganarse la vida *176*

H

hablar como los indios *48*
hablar como un cochero *48*
hablar como un libro abierto *49*
hablar como una cotorra *48*
hablar con el corazón en la mano *48*
hablar del sexo de los ángeles *49*
hablar el mismo idioma *48*
hablar en cristiano *48*
hablar en román paladino *48*
hablar maravillas de *49*
hablar peor que una verdulera *48*
hablar por los codos *48*
hablar sin rodeos *49*
hacer antesala *24*
hacer buenas migas con *24*
hacer bulto *17*
hacer caso a ＋人 *13*
hacer caso omiso *13*
hacer cola *12*
hacer coro a *17*
hacer cosquillas *25*
hacer daño *8*
hacer de menos a ＋人 *25*
hacer de tripas corazón *24*
hacer el favor de ＋不定詞 a ＋人 *20*
hacer el tonto *9*
hacer época *17*
hacer estragos *20*
hacer falta a ＋人 *12*
hacer frente a *20*
hacer gracia *8*
hacer hincapié *13*
hacer horas *21*

hacer ilusión a ＋人　*21*
hacer la pelota　*12*
hacer la vida imposible　*16*
hacer la vista gorda　*8*
hacer leña del árbol caído　*16*
hacer notas　*12*
hacer números　*25*
hacer palmitas　*8*
hacer pipi/popó　*24*
hacer rabona　*8*
hacer su agosto　*16*
hacer tilín　*12*
hacer un feo a ＋人 / 物　*20*
hacer una escena a　*17*
hacer una montaña de un grano de arena　*20*
hacerse el tonto　*9*
hacerse la mosquita muerta　*16*
hecho polvo/cisco/mierda　*24*

I

ir a su aire　*181*
ir ciego　*180*
ir como una exhalación　*180*
ir con cuidado　*181*
ir cuesta abajo　*180*
ir de aquí para allá　*181*
ir de copas　*189*
ir despistado　*180*
ir en aumento　*181*
ir hecho un Adán　*180*
ir sobre ruedas　*180*
irse al agua　*181*

írsele el alma　*181*

L

llevar a cabo　*104*
llevar camino de ＋不定詞　*104*
llevar el agua a su molino　*105*
llevar la cabeza muy alta　*104*
llevar la carga de　*105*
llevar leña al monte　*105*
llevar los pantalones　*104*
llevar un as en la manga　*104*
llevarse bien con　*104*
llevarse un alegrón　*105*

M

manera/modo de ser　*86*

N

no dar pie con bola　*45*
no hay por donde coger ＋物 / 人　*144*
no pegar ojo　*124*
no ser grano de anís　*90*
no ser para tanto　*84*
no tener dónde caerse muerto　*164*
no tener nada que perder　*177*
no tener pelos en la lengua　*161*
no tener un pelo de tonto　*160*
no tenerlas con uno　*164*

O

o sea　*90*

P

para dar y tomar *41*
para llevar *104*
pasar a máquina/ordenador/limpio *100*
pasar a ＋不定詞 *96*
pasar de largo *101*
pasar de ＋人 / 物 *96*
pasar la noche en vela *97*
pasar las de Caín *96*
pasar por alto *101*
pasar por el aro *100*
pasar por tonto *100*
pasar ＋物 *100*
pasarlas negras *96*
pasarlo bien *96*
pasarse con ＋人 *97*
pasarse por la piedra *101*
pegar una tunda *125*
pegar ＋病気 / 態度 *125*
pegar ＋物 con ＋物 *124*
pegarle a ＋物 *124*
pegarse a ＋物 / 人 *124*
pegarse con/contra ＋物 / 人 *124*
pegarse un tiro en el pie *125*
pegárselo un pelma *125*
perder el juicio *177*
perder el último tren *177*
perder la cabeza *177*
perder la silla *176*
perder terreno *176*
por la cuenta que me/te/le trae *116*
Pues, anda que tú. *188*

Q

¿Qué se le va a hacer? *20*

S

salir de Guatemala para meterse en Guatepeor *192*
salir disparado *192*
salir ＋過去分詞 *192*
salir ＋現在分詞 *192*
salirse de sus casillas *192*
saltar a la vista *108*
saltar con una tontería/chorrada *108*
saltar en paracaídas *109*
saltar por los aires ＋物 *108*
saltar una alarma *109*
saltarse un empaste *109*
saltarse un semáforo *109*
saltarse ＋物 *108*
saltársele a ＋人 las lágrimas *108*
saltársele a ＋人 los puntos *108*
ser aprendiz de todo y oficial de nada *80*
ser capaz de *86*
ser capaz de clavar un clavo con la cabeza *76*
ser como dos gotas de agua *84*
ser como un imán *86*
ser cuestión de *84*
ser de castigo *90*

ser de +不定詞 *84*
ser dos caras de la misma moneda *77*
ser el amo *80*
ser el colmo *76*
ser el ojo derecho de *76*
ser el pan nuestro de cada día *86*
ser goloso *86*
ser incapaz de *86*
ser la bomba *76*
ser la noche y el día *87*
ser más listo que Lepe *81*
ser más papista que el Papa *76*
ser mayor/menor de edad *86*
ser pájaro de mal agüero *90*
ser pan comido *87*
ser para menos *81*
ser tal para cual *77*
ser todo un hombre *84*
ser un cacho de pan *80*
ser un cardo *90*
ser un caso *80*
ser una bendición *80*
ser una chispa *81*
ser una criatura *84*
ser una lástima *76*
ser uña y carne *84*
ser +所有詞 día *90*
sin usar *52*

T

tener a bien *152*
tener a +人/物 en el bolsillo *169*
tener ángel *153*
tener arreglo *160*
tener buen diente *164*
tener buena estrella *153*
tener cabeza de chorlito *168*
tener el corazón de piedra *156*
tener el corazón en un puño *152*
tener el mundo a sus pies *164*
tener en la punta de la lengua *156*
tener entendido que *157*
tener éxito *157*
tener frescura *169*
tener ganas de *160*
tener gracia *160*
tener hambre canina *168*
tener idea *160*
tener la carne de gallina *164*
tener la lengua larga *161*
tener la palabra *156*
tener los nervios de punta *153*
tener madera de *161*
tener mala cara *161*
tener malas pulgas *164*
tener más cara que espalda *152*
tener memoria de elefante *168*
tener mundo *152*
tener ojo de buen cubero *153*
tener ojos de lince *165*
tener pájaros en la cabeza *153*
tener pensado +物/不定詞 *156*
tener por +過去分詞 *156*
tener que ver con *156*
tener resaca *169*

tener sangre caliente *165*
tener suerte *160*
tener tela (marinera) *165*
tener un corazón de oro *169*
tener un ojo a la funeral *165*
tener una rana/un nudo en la garganta *168*
tener +物/人 entre ceja y ceja *169*
tirar de la lengua *112*
tirar de la manta *112*
tirar de +支払い手段 *113*
tirar la casa por la ventana *112*
tirar la primera piedra *113*
tirar la toalla *112*
tirar los tejos/trastos *113*
tirar por la borda *112*
tirarse de los pelos *112*
tirarse el moco *113*
tirarse los trastos *113*
tirarse +現在分詞 *113*
¡Toma esto! *149*
tomar a +人 por el pito del sereno *149*
tomar alas *148*
tomar cuerpo *148*
tomar el aire *148*
tomar el pecho *148*
tomar el pelo a +人 *149*
tomar el sol *149*
tomar fuerzas *148*
tomar las cosas como vienen *148*
tomar parte en *148*
tomar tierra *149*
tomar +物 de revés *149*
traer buena suerte *116*
traer cola *116*
traer consigo *116*
traer cuenta *116*
traer mala suerte *116*
traído por el cabello *116*
traído y llevado *116*

U

usar a +人 *52*
usar a +人 como broquel *53*
usar como conejillo de indias *52*
usar la cabeza *53*
usar la violencia *53*
usar malas artes *53*
usar un derecho *52*
usar y tirar *52*
usar +不定詞 *53*

V

venir agradable al paladar *184*
venir al caso *185*
venir arcadas *184*
venir como anillo al dedo *184*
venir con camelos/canciones *185*
venir de arriba *184*
venir de atrás *184*
venirse abajo *184*
¡Vete a tomar viento! *149*

著者紹介

エミリオ・ガジェゴ（Emilio Gallego Zambrano）
　上智大学大学院言語学専攻修士課程修了。外国語教育・翻訳理論・言語学概論を専門に、そのかたわら日本のエンターテインメント文化の海外紹介に励み、漫画・アニメ・ゲームの海外版の制作に打ち込む。手がけたタイトルは『はだしのゲン』や『タッチ！』や『聖闘士星矢』、手塚治虫の作品など多数。NHKテレビ・ラジオのスペイン語講座でも活躍。現在、立教大学で教鞭をとりながら執筆活動を積極的に続けている。
主要著書：『スペイン語の落とし穴』（白水社）
『しっかり学ぼう！　外国語としてのスペイン語検定』（三修社、共著）
『El mundo del manga en Japón（日本における漫画現象）』（A.J. Ediciones Veleta）
HP：www.emiliogallego.net

山本浩史（やまもと・ひろし）
　神奈川大学外国語学部スペイン語学科卒。
　上智大学大学院博士前期課程言語学研究科言語学専攻修了。
　スペイン語教育に携わるかたわら、TVドキュメンタリー作品などの翻訳も手がける。ラテンビート映画祭の翻訳・通訳にも携わる。長年の漫画・ゲームファン。
　主要著書：『しっかり学ぼう！　外国語としてのスペイン語検定』（三修社、共著）

スペイン語動詞の決め技

　　　　　　　　　　　　　　　　2016年10月15日　印刷
　　　　　　　　　　　　　　　　2016年11月 5 日　発行

　　　　　　　著　者 ©　　エミリオ・ガジェゴ
　　　　　　　　　　　　　山　本　浩　史
　　　　　　　発行者　　　及　川　直　志
　　　　　　　印刷所　　　株式会社三秀舎

発行所　101-0052 東京都千代田区神田小川町3の24
　　　　電話 03-3291-7811（営業部）、7821（編集部）　株式会社　白水社
　　　　http://www.hakusuisha.co.jp
　　　　乱丁・落丁本は送料小社負担にてお取り替えいたします。

振替 00190-5-33228　　　Printed in Japan　　　誠製本株式会社

ISBN978-4-560-08729-9

▷本書のスキャン、デジタル化等の無断複製は著作権法上での例外を除き禁じられています。本書を代行業者等の第三者に依頼してスキャンやデジタル化することはたとえ個人や家庭内での利用であっても著作権法上認められていません。

スペイン語大辞典

山田善郎／吉田秀太郎／中岡省治／東谷穎人 監修

わが国初の本格的大辞典．見出語数 11 万．基本語や重要語は詳述，イスパノアメリカやスペインの地方語も多数収録し，百科事典項目も掲載した，西和の最高峰． A5 変型 2442 頁

現代スペイン語辞典 (改訂版)

宮城 昇／山田善郎 監修

ベストの評価を受けている，オールラウンドな西和辞典．ニュアンス・語法・文化的背景にも踏み込んで，スペイン語をより正しくこまやかに理解できます．語数 46500． B6 変型 1524 頁 2色刷

和西辞典 (改訂版)

宮城 昇／山田善郎／他 編

35000 項目，収録した単語と表現 65000．初級学習からビジネスまで． B6 変型 1443 頁

パスポート 初級スペイン語辞典

宮本博司 編

超ビギナー向け，いたれりつくせりの入門辞典． B6 判 399 頁 2色刷

スペイン語 ミニ辞典 ◎西和＋和西◎ (改訂版)

宮本博司 編

いつでもどこでもすぐ使える西和＋和西＋ジャンル別語彙集． B 小型 665 頁 2色刷

問題集

加藤伸吾 著
スペイン語力養成ドリル2000題
A5 判 174 頁

坂本 博 著
スペイン語実力問題集 (新装版)
A5 判 146 頁＋別冊解答【CD付】

菅原昭江 著
極める！スペイン語の接続法ドリル
A5 判 243 頁

単語集

高橋覚二 著
もっと使える基本のスペイン単語
B 小型 266 頁

熟語集

高橋覚二／伊藤ゆかり 著
例文で覚える スペイン語熟語集
四六判 207 頁

中級

西村君代 著
中級スペイン語 読みとく文法
四六判 184 頁

山田善郎 監修
中級スペイン文法
A5 判 640 頁

表現

山村ひろみ 著
解説がくわしいスペイン語の作文
A5 判 155 頁

長谷川信弥／山田敏弘 著
日本語から考える！スペイン語の表現
四六判 165 頁

清水憲男 著
新・スペイン語落ち穂ひろい
◎ 777 の表現集◎ 四六判 244 頁

立岩礼子 著
ホームステイのスペイン語
四六判 170 頁【CD付】

メール・手紙

四宮瑞枝 他 著
Eメールのスペイン語
A5 判 223 頁

木下 登 著
新版 スペイン語の手紙
◎Eメールと手紙の書き方◎ A5 判 236 頁

ビジネス

前田貞博 著
貿易実務のスペイン語
◎ビジネスメール例文集◎ A5 判 194 頁